보수
본능

보수 본능

자본주의, 기독교, 음모론,
민족주의, 반페미니즘을 추앙하는
사피엔스의 본성에 대하여

최정균 지음

동아시아

보수 본능

ⓒ 최정균, 2025. Printed in Seoul, Korea

초판 1쇄 찍은날	2025년 7월 7일
초판 1쇄 펴낸날	2025년 7월 18일
지은이	최정균
펴낸이	한성봉
편집	최창문·이종석·오시경·김선형
콘텐츠제작	안상준
디자인	최세정
마케팅	오주형·박민지·이예지
경영지원	국지연·송인경
펴낸곳	도서출판 동아시아
등록	1998년 3월 5일 제1998-000243호
주소	서울시 중구 필동로8길 73 [예장동 1-42] 동아시아빌딩
페이스북	www.facebook.com/dongasiabooks
전자우편	dongasiabook@naver.com
블로그	blog.naver.com/dongasiabook
인스타그램	www.instagram.com/dongasiabook
전화	02) 757-9724, 5
팩스	02) 757-9726
ISBN	978-89-6262-664-3　03300

※ 잘못된 책은 구입하신 서점에서 바꿔드립니다.

만든 사람들
책임편집	이종석
디자인	pado
크로스교열	안상준

나의 리버럴리스에게

들어가며:
도대체 보수란 무엇인가

귀스타브 르봉^{Gustave Le Bon}은 그의 책 『군중심리』에서 어째서 이른바 지성인들조차 부지불식간에 어리석은 집단으로 전락할 수 있는지를 설명하고자 했다.[1] 르봉은 특정한 상황에서 형성되는 무리가 그 무리를 구성하는 개인들과는 전혀 다른 특성을 드러낸다는 것을 발견하고, 이를 "집단 정신의 형성"이라고 불렀다. 그러나 집단 정신이란, 개개인의 두뇌가 서로 신경 다발로 연결되어 있지 않은 한, 과학적으로 정의할 수 없는 모호한 개념이다.

그렇다면 군중심리에 대한 보다 과학적인 정의는 무엇

일까. 군중심리는 보통 자제력을 잃고 쉽사리 흥분하게 되는 상황에서 일시적으로 나타나는 특수한 심리 상태를 일컫는다. 그것은 폭동이나 진압 과정, 전쟁이나 집단 학살, 정치적 선동이나 시위 상황에서 주로 나타난다. 즉, 어떤 무리 안에서 공유되는 공통 신념이 개개인의 공격성을 강하게 자극하는 상황에서 발현된다. 따라서 군중심리는 어떤 상호작용을 통해 형성되는 집단 정신보다는 오히려 폐쇄 회로들의 단순한 집합체에 가깝다. 단일한 신념에 장악되어 각각이 유사한 방식으로 작동하는 폐쇄 회로들 말이다.

인간 정신의 비극은 그것이 어쩔 수 없이 생물학의 지배를 받는다는 것이다. 우리의 뇌가 특정한 방식으로 작동할 때 우리가 이를 거스를 방법은 없다. 뇌에서 일종의 폐쇄 회로가 작동하기 시작하면 우리는 우리 정신세계에 갇히고 만다. 극단적인 예로 치매, 우울증, 조현병과 같은 신경정신질환이라도 닥치면, 원래 가지고 있던 이성과 의지를 잃어버리고 어떠한 합리적인 설득도 통하지 않는 망상이나 무기력 상태에 빠지게 된다.

정치가 나날이 양극화되고 있는 오늘날의 사회에서 극

우 진영 사람들의 생각과 행동을 일반적인 상식으로 이해하기는 어렵다. 군중심리나 신경정신질환처럼, 이러한 극단적인 신념과 행위 역시 인간의 정신이 생물학의 지배를 받을 때 어떠한 부정적인 일들이 일어날 수 있는지를 보여준다. 이 책에서는 이들의 뇌에서 어떤 생물학이 어떤 종류의 폐쇄 회로들을 작동시키는지를 알아볼 것이다.

그러나 이 책에서 다루고자 하는 것은 극우가 아니라 보수 전체다. 극우는 단지 보수의 극단적인 형태일 뿐이다. 어떤 이들은 다른 이들에 비해 더 강한 보수적 성향을 타고났을 수 있다. 그러나 그 둘은 정도의 차이일 뿐 본질적으로는 동일한 생물학을 따른다. 또한 같은 사람일지라도 그가 처한 환경이나 사회적 상황에 따라 보수에서 극우로 발전할 수 있다. 즉, 똑같이 타고난 성향임에도 발현 정도에서 큰 차이를 보일 수 있다는 말이다. 그리고 보수의 생물학적 특성을 알고 나면 왜 진보 성향과 달리 보수 성향이 쉽게 극단으로 치닫는지도 이해할 수 있다.

사상의 관점에서도 마찬가지다. 19세기를 대표하는 위대한 철학자로 불리는 존 스튜어트 밀$^{John\ Stuart\ Mill}$은 보수주의자들을 "바보들의 무리"라고 칭한 바 있다. 이에 러셀 커크Russell Kirk는 『보수의 정신』을 통해 보수주의를 하나의 '지적인' 사상으로 구축하고자 했다.[2] 여기서 커크는 에드먼드 버크Edmund Burke를 보수주의의 시조로 추대하면서, 그 철학의 핵심이 다름 아닌 기독교 세계관이라는 점을 강조했다. 이후 요약본으로 출간된 『지적인 사람들을 위한 보수주의 안내서』에서도 커크는 보수주의의 대표적인 가치로서 종교적 신앙을 가장 먼저 내세웠다.[3]

그렇다면 질문은 이것이다. 보수주의의 밑바탕이라는 지적이고 건전한 기독교는 세간으로부터 손가락질 받는 기독교와는 질적으로 다른 종교인가? 중세의 마녀사냥, 종교재판, 십자군 전쟁을 비롯해 근현대의 창조과학 신봉, 백신 반대 운동, 성소수자 혐오, 사이비 교주에 대한 맹종, 광적인 포교 활동, 연신 할렐루야를 외치는 정치 집회 등으로 대변되는 기독교 말이다. 소위 '정상적인' 기독교인들은 이들을 극단적인 예외로 치부하고 싶을 것이다. 그러나 이러한 몰지각과 무지, 만행이 시대와 사회, 문화를 막론하고 반복된다면, 그들이 공유하는 그 교리 자체에 근본적이고 내재적인 문제가 있는지를 의심하는 것이 마땅하지 않겠는가?

이 책에서는 바로 이러한 마땅한 의심으로 보수 전반을 평가하고자 한다. 중도적인 보수주의자들은 스스로가 '합리적'이라며 극우와 선을 긋는다. 그러나 우리가 보수의 이념이 합리적이지 않다고 판단한다면, 그것은 중도 보수나 극우나 똑같이 합리적이지 않다고 판단하는 것이다. 다만 그 신념에 얼마나 매달리는가 또는 그 신념을 어떻게 실현하려 하는가 하는 차이만 있을 뿐이다. 보수의 이념이 합리적이지 않다면, 애당초 합리적인 보수란 존재할 수 없다. 온건하기는 하지만 합리적이지 않은 보수와 비합리적인 데다가 과격하기까지 한 보수만 있는 것이다.

예컨대 자유경쟁 기반의 인간 사회가 합리적인가 합리적이지 않은가에 대해서는 자연과학에서와 같이 객관적인 답을 찾기는 어려울 것이다. (사실 자연과학에서조차 데이터의 해석에는 과학자들의 합의가 반영된다.) 그럼에도 우리가 자유경쟁이 합리적이지 않다고 판단하거나 그렇게 합의한다면, 그것을 지지하는 온건한 진영이나 과격한 진영이나 똑같이 합리적이지 않은 것이다. 전쟁도 마다하지 않는 극단적인 경쟁으로 치닫지 않도록 자제하는 것일 뿐, 혹은 경쟁에서 불리한 자들이 생기는 것은 섭리이기에 아무리 가혹하더라도 받아들여야 한다는 믿음을 입 밖으로 내뱉지 않을 뿐, 온건하다는 이들 역시 마음속에는 비합리적인 잔인성을 품고 있는 것이다.

보수주의의 합리성에 대한 판단은 결국 마지막까지 개인 또는 사회의 몫으로 남을 것이다. 그러나 이러한 판단을 내리려면 먼저 보수가 가진 생각과 신념 혹은 사상이라고 할 만한 것들이 무엇인지를 정확하게 파악해야 한다. 그리고 그러려면 보수가 무엇인지부터 정확히 규정해야 한다. 그러나 여기서 곧바로 난관에 봉착한다. 도대체 보수의 정의가 무엇인가? 우리는 어떻게 '보수' 혹은 '진보'라는 이름 아래 경제, 종교, 외교, 인권, 과학기술, 교육에 이르기까지 그야말로 사회의 거의 모든 영역을 넘나드는 다양한 사안들을 아우르는 것인가?

실제로 광범위한 주제들이 다음과 같이 보수와 진보의 대립으로 양분되어 있다. 경제 체제(자유시장/사회복지), 종교(종교적/세속적), 국제 관계(민족주의/국제주의), 이민 정책(폐쇄/개방), 성소수자 권리(부정/지지), 페미니즘(반대/지지), 임신중지권(반대/찬성), 과학기술(불신/옹호), 교육(엘리트주의/평준화), 총기 규제(반대/찬성).

물론 특정 사안에 대해서는 예외가 있을 수 있지만, 다양한 주제에 걸쳐 나타나는 정치 성향에 따른 입장 차이는 놀라울 정도로 일관적이다. 서로 관련 없어 보이는 여러 사안들에 대한 입장이 전체적으로 일관되게 둘로 나뉜다는 것은 무엇을 의미하는 것일까. 그것은 각각의 진영에 내재된 궁극적인 가치관이 있고 그 가치관이 다양한 쟁점들에 걸쳐 공통적인 기조를 형성하고 있어서, 사람들이 그에 따라 거의 무의식적으로 개별 사안에 대한 입장을 취한다는 것을 암시한다. 그러나 문제는 각각의 진영에 내재되어 있는 가치관이나 기조, 신념이라는 것이, 다시 말해 보수와 진보의 이데올로기가 정확히 무엇인지 규정하기가 매우 어려워 보인다는 점이다.

먼저 사전적인 정의에서 출발해 구체적 사안들에 연역적으로 적용해 볼 수 있다. 사전적인 의미에서 보수는 전통적 가치를 옹호하며 현재의 체제, 제도, 관습을 보존함으로써 질서와 안정을 유지하고자 하는 경향이며, 진보는 변화를 지향하며 현재의 체제, 제도, 관습을 개혁하고 혁신함으로써 발전을 추구하는 경향이다. 그러나 보수와 진보의 대립은 이러한 사전적 정의에 따라 이루어지는 것 같지 않다.

자본주의 경제, 기독교적 세계관, 폐쇄적인 이민 정책, 자국 우선주의와 배타적 민족주의, 안티페미니즘, 동성애와 임신 중지에 대한 반대, 과학기술에 대한 불신, 경쟁적인 엘리트 교육, 총기 소지에 대한 지지는 현재의 체제, 제도, 관습을 유지하는 것과는 별다른 관련이 없어 보인다. 반대로 사회주의 경제, 세속적 세계관, 개방적인 이민 정책, 세계화와 국제 협력, 페미니즘, 동성애와 임신중지권 지지, 교육 평준화, 총기 규제에 대한 지지 역시 변화나 개혁 추구를 의미하지는 않는다.

사실 끊임없이 변하는 세상에서 어디까지가 전통이라고 선을 그을 수도 없으며, 보수가 반드시 변화를 거부한다고 볼 이유도 없다. 예를 들어, 오늘날 일반적으로 보수의 경제를 대변한다고 생각되는 신자유주의는 전통적인 가치와 관련이 없다. 오히려 노동가치설을 내세우고 지주에 비판적이었던 고전학파가 진보의 경제 이념과 유사성이 높고, 이러한 고전학파의 전통을 깬 신고전학파의 철학이 보수의 경제 사상과 가깝다. 신고전학파의 패러다임이 실패함에 따라 부상한 것이 정부의 역할을 강조하는 케인스 경제학이고, 20세기 후반 미국의 로널드 레이건(Ronald Reagan)과 영국의 마거릿 대처(Margaret Thatcher) 시절에 케인스 경제학을 비판하며 새로이 등장한 흐름이 바로 신자유주의라는 점을 생각해 보면, 경제학의 사조는 진보, 보수, 진보, 보수 성향으로 엎치락뒤치락 변해온 것이다. 보수의 사조가 '신'고전학파와 '신'자유주의라는 점에서 이미 사전적 정의는 유효하지 않다.

임신중지권도 마찬가지다. 2022년 미국 사회를 뒤흔든 미국 연방대법원의 판결은 임신중지권을 인정한 로 대 웨이드(Roe v. Wade) 판결을 50여 년 만에 뒤집은 것으로, 이 판결로 인해 이제 미국에서는 개별 주의 결정에 따라 낙태를 금지할 수 있게 되었다. 대법원 판례를 이렇게 전면적으로 뒤집는 것은 극히 이례적이다. 이는 기존 질서와 안정을 유지하려는 보수적 태도가 아니라 급진적인 개혁을 추구하는 진보적 행위로 보인다. 하지만 2022년의 판결은 보수 성향의 대법관들이 내린 것으로서, 일반적으로 보수주의자들이 취하는 임신 중지 반대 입장과 일치한다.

사전적인 정의를 무시하고 구체적인 사안들로부터 귀납적으로 접근하는 것도 쉽지 않다. 보수의 핵심 사상이라는 기독교는 대체 자본주의 경제와 무슨 관계로 연결되어 있는가? 구약성서는 토지의 사유화를 금지하고 있고, 신약성서는 재산을 공동 소유하며 필요에 따라 분배했던 초대교회를 이상적인 공동체의 모습으로 그리고 있다. 예수는 부자가 천국에 들어가는 것이 낙타가 바늘귀로 들어가는 것보다 어렵다고 말했다. 이는 부자의 도덕성 따위를 말하는 것이 아니다. 성서가 지향하는 정의로운 나라에 부자라는 것은 개념조차 있을 수 없다는 뜻이다. 그럼에도 종교적인 보수주의자들은 유독 자본주의에 대해 친화적이다. 심지어 막스 베버Max Weber는 개신교 윤리가 근대 자본주의 정신의 형성에 핵심적인 역할을 했다고 보았다.[4]

한편, 그토록 경제적 자유와 권리를 중시하는 보수주의자들이지만, 성적 취향의 자유나 임신중지권의 행사에 대해서는 결사적으로 반대한다. 이것이 그들의 종교적 교리가 동성애나 낙태를 죄로 여기기 때문이라면, 총기 소지만큼은 절대로 포기하지 않는 종교적 이유는 또 무엇이란 말인가. 더군다나 그 종교의 경전이 이웃 사랑을 가르치고 있다면 말이다. 그들이 사마리아인을 찾아간 예수를 모델로 삼는다면서도 이민자를 배척하는 이유 역시 설명하기 어렵다. 이러한 성소수자, 페미니즘, 이민자에 대한 반감과 총기 소지에 대한 집착이 과학기술에 대한 불신이나 엘리트주의적이고 경쟁적인 교육관과 무슨 관계가 있는지도 이해하기 어렵다.

진보의 입장에서도 상황은 똑같이 혼란스럽다. '좌파' 하면 가장 먼저 떠오르는 페미니즘과 공산주의는 진보 성향 사람들의 인식 속에서 도대체 어떻게 연결되어 있는가? 사실 카를 마르크스 Karl Marx는 독자적으로 여성 문제를 언급하지 않았다. 이후 프리드리히 엥겔스 Friedrich Engels가 『가족, 사유재산, 국가의 기원』에서 마르크스의 이론 체계에 입각해 가족의 변천사와 여성 억압의 시초에 대해 분석한 것이 마르크스주의 페미니즘의 시작으로 여겨진다.[5] 하지만 마르크스주의 여성해방론은 오늘날 페미니즘의 한 분파일 뿐이다.

그뿐만이 아니다. 과학기술에 우호적인 진보 진영은 왜 사회주의적인 경제 체제가 정당하다고 생각하며 사회복지 확대와 교육 평준화를 주장하는 것일까? 또한 그와 직접적인 관련이 없어 보이는 총기 규제에는 찬성하고, 임신중지권과 성소수자 인권을 지지하고 나서는 것일까? 이러한 입장들과 이민자, 국제 협력, 다문화에 대한 개방성 사이의 연결 고리 역시 분명해 보이지 않는다.

이와 같이 보수와 진보는 명확히 규정하기에 매우 모호한 개념이며, 잘 들어맞지도 않는 사전적인 뜻 말고는 널리 통용되는 정의도 없다. 그럼에도 서로 다른 언어를 사용하는 전 세계 여러 지역에서 '보수'나 '진보', '우파'나 '좌파'라는 꼬리표를 스스로에게, 주변 사람들에게, 어떤 정권이나 정책에 스스럼없이 붙이고는 한다. 그리고 그 꼬리표는 사회, 민족, 국가 등의 차이를 넘어 놀라운 일관성을 보인다. 그러므로 그러한 일관성을 만들어 내는 가치관이나 신념이 무엇인지, 다시 말해 보수라는, 혹은 진보라는 이데올로기의 기조를 이루는 속성이 무엇인지 고찰할 필요가 있다.

객관적이고 정확한 고찰을 위한 가장 좋은 출발점은 역시 사회과학과 자연과학의 공인된 결과물들일 것이다. 일반 대중은 물론이고 정치인들조차 제대로 인식하지 못하고 있지만, 심리학자들과 행동유전학자들은 1970년대에 이미 인간의 정치성을 연구하기 시작했다. 이후 분자생물학, 뇌신경과학, 유전체학 등의 발전에 힘입어 보다 구체적이고 정교한 발견들이 이어졌다. 비록 정치 성향을 직접 다루지는 않았지만, 행동경제학 역시 많은 통찰을 제공했다.

이러한 맥락에서 이 책의 1장에서는 사회심리학에서 전통적으로 많이 연구된 보수의 세 가지 주요 심리 기제를 살핀다. 체제 정당화, 사회 지배 지향성, 그리고 우익 권위주의가 바로 그것이다. 최근 사회과학에서는 이들의 기저에 있으리라고 여겨지는 진화적 기원을 모색하고 있다. 2장에서는 이와 관련된 뇌과학적 메커니즘을 탐구한다. 휴리스틱과 신호 이론 등에서 경제학자들이 제시한 인간의 인지와 행동 특성을 진화론적으로 재해석하고, 베이지언 뇌 이론과 다양한 뇌 구조의 기능들을 함께 다루어 보다

정교한 이해를 도모한다.

3장과 4장에서는 유전자에 주목한다. 뇌의 기능과 진화를 설명하는 데 유전자는 핵심적이다. 그러나 정치 성향이 오로지 유전자로 결정되지는 않는다. 특히 정치 성향과 관련된 특정 유전자들이 환경과 어떻게 상호작용하는지를 다룬 주요 연구 결과들을 4장에서 살핀다. 또한 최근의 젊은 남성층 보수화 현상을 번식 유전자의 기능과 사회 환경의 변화 간의 관계를 통해 해석한다.

1장부터 4장까지의 주된 목표는 인간의 정치적 성향에 관한 통합적이고도 거시적인 관점을 구축하는 것이다. 지금까지의 다양한 연구 결과들은 아직 각 학문의 높은 장벽 안에 전문성이라는 이름으로 고립되어 있다. 이 책은 이들을 아우르는 하나의 통합된 관점을 제시함으로써 보수라는 이데올로기의 근간이 무엇인지를 명확하게 드러낼 것이다.

끝으로 5장에서는 이전까지 다룬 다양한 이론과 분석을 바탕으로, 보수의 이데올로기가 문화 속에서 어떤 방식으로 드러나는지 앞서 열거한 다양한 구체적인 쟁점들과 연계해 고찰한다. 마지막으로, 나가는 글에서는 이렇게 규정한 보수를 그와 대척점에 있는 진보와 함께 비교 고찰한다. 보수를 평가하기로 한 합리성이라는 기준에서 볼 때, 과연 진보는 합리적인가? 우리 인류가 추구해 온, 혹은 앞으로 추구해야 할 진보란 무엇인가? 이러한 물음들이 이 책의 마지막에 논의될 것이다.

차례

들어가며: 도대체 보수란 무엇인가   6

1장 보수의 심리
그들이 지키려는 것은 따로 있다   22

2장 보수의 뇌
참을 수 없는 불확실성의 두려움   56

3장 보수의 유전자
대대로 성공할 수 있었던 비결들   100

4장 보수의 환경
젊어서나 늙어서나, 부유해도 가난해도   138

5장 보수의 문화
경쟁과 맹신과 배척의 본능들이 만든 세상   176

나가며: 그러면 진보란 무엇인가   204
주   223

1장

보수의 심리

그들이 지키려는 것은 따로 있다

정치 성향에 영향을 미치는 가치관이나 신념은 이미 사회학이나 정치철학 등에서 오랜 연구 대상이었다. 그동안 이 분야의 연구자들은 주로 심리학적인 방법들로 문제에 접근했다. 아무래도 연구 주제의 성격이나 연구 방법의 접근성으로 인해 뇌과학이나 유전학 같은 자연과학보다는 사회과학에 가까운 심리학이 자연스러운 선택이었을 것이다.

정치 성향과 관련해 오랜 기간 체계적으로 연구된 대표적인 세 가지 심리학적 기제는 체제 정당화system justification, 사회 지배 지향성social dominance orientation, 그리고 우익 권위주의right-wing authoritarianism다. 흥미로운 것은 세 가지 모두 보수의 특성을 기준으로 명명되었다는 점이다. 주어진 체제를 정당하게 여기는 것, 사회의 지배 구조를 옹호하는 것, 그리고 권위주의적인 성향은 모두 보수의 특성이다. 어디까지나 중립적으로 연구하는 입장이었을 사회과학자들에게도 보수가 지닌 과도하게 확고한 신념이나 혐오에 가깝게 표현되는 정서 등이 도드라져 보였을 것이다.

이 세 가지 가운데 보수의 사전적 의미, 즉 전통을 지킴으로써 질서와 안정을 유지하고자 하는 경향과 가장 잘 부합하는 것은 체제 정당화라고 할 수 있다. 이 분야의 선구자는 뉴욕대학교의 존 조스트John Jost 교수다. 체제 정당화 이론은 그가 박사 과정 당시 마자린 바나지Mahzarin Banaji 교수의 고정관념 및 편견에 관한 세미나 수업에서 제출한 학기 말 보고서에서 처음 제시되었다. 이후 1994년 조스트와 바나지는 「고정관념이 체제 정당화와 허위의식 생산에서 수행하는 역할」이라는 논문을 공동 발표했다.[6]

체제 정당화는 한마디로 사람들이 자신의 이익과 상관없이 주어진 사회, 경제, 정치 체제를 정당하거나 타당하다고 믿으면서 그 체제를 유지하고자 하려는 경향이다. 여러 형태로 나타나는 이러한 경향은 현 상태에 대한 편향과 합리화라는 하나의 명확한 흐름으로 묶일 수 있다. 조스트와 바나지의 논문이 발표된 이후로 사람들이 왜, 어떻게 체제를 정당화하려는 동기를 가지게 되는지 그리고 그 동기가 사회적 인지와 판단에 어떠한 영향을 미치는지에 관한 많은 연구가 이루어졌고, 그것을 조스트가 집대성한 것이 『체제 정당화의 심리학』이다.[7]

그런데 보통 기득권층이 체제를 정당화한다고 생각하기 쉽지만, 사회적 약자나 체제에 피해를 입는 이들도 체제를 정당화할 수 있다. 사실 바로 이 문제가 체제 정당화 이론의 핵심이며, 조스트가 처음 연구를 시작하게 된 동기이기도 하다.

예일대학교에서 박사 과정을 밟던 조스트는 다음과 같은 의문들을 품고 있었다. 왜 가난한 사람들은 부의 재분배에 그토록 반대하는 것일까? 어째서 경제적 불평등으로 피해를 보면서도 현재의 경제 시스템이 공정하다고 믿으며 가난한 것은 개인의 노력 부족 때문이라고 믿는 것일까?

왜 어떤 여성들은 여성이 남성보다 낮은 임금을 받는 것이 마땅하다고 여기는 것일까? 왜 사람들은 자신에게 해로운 관계임에도 그것을 지속하는 것일까? 왜 사람들은 때때로 가해자가 아니라 피해자를 비난하는 것이며, 심지어 피해자들마저 자기 자신을 비난하는 것일까? 왜 사회에 작은 변화를 일으키거나 자신의 권리를 위해 싸우는 단순한 일조차 이토록 지난한 것일까?

이러한 문제의식의 연장선에서 집필된 『체제 정당화의 심리학』은 '새로운 자발적 노예에 대한 담론'이라는 제목으로 1장을 시작한다. 16세기 중반 에티엔 드 라보에시^{Étienne} $^{de\ La\ Boétie}$가 불과 열여덟의 나이에 쓰고 사후에 출간되어 다양한 정치사상가들에게 영향을 미친 『자발적 노예에 대한 담론』을 인용한 것이다.[8] 라보에시는 이렇게 적었다.

"그토록 많은 사람, 많은 마을, 많은 도시, 많은 국가가 그들이 부여한 권력 말고는 다른 권력이 없는, 한 명의 독재자 아래서 고통받는 일은 왜 생기는 것일까? 그가 그들에게 해를 끼칠 수 있는 이유는 그들이 그를 견뎌내길 원한다는 것밖에 없다. 충격적이지 않은가. 하지만 이런 일은 너무나 흔해서, 수백만 명의 사람이 불행 속에서 목에 멍에를 쓰고 바깥세상으로 눈을 돌리지 않은 채 그들이 두려워할 필요가 없는 단 한 명의 권력자에게 기꺼이 봉사하는 광경 앞에 슬픔은 더해지고 의문은 점점 줄어든다."

정당화, 즉 어떤 생각 또는 행동 유형에 정당성을 부여하거나 지지하는 태도는 여러 사회심리학 이론들의 기반이 되어왔다. 다양한 행동실험 결과, 사람들은 자신의 생각과 행동, 자신의 사회적 위치와 특권, 자신의 공격적·착취적·차별적 행동, 타인의 사회적 위치와 특권, 같은 집단 구성원들의 공격적·착취적·차별적 행동, 그리고 현재의 사회적·경제적·정치적 사건 및 상황 등을 정당화하고자 한다는 것이 드러났다.

이러한 심리는 크게 세 가지 형태, 즉 자기 정당화, 집단 정당화, 그리고 체제 정당화로 구분할 수 있다. 자기 정당화는 기득권자들이 스스로를 방어하기 위해 고정관념을 활용하는 경우에 주로 나타난다. 예를 들어, 사회적 혹은 경제적 지위가 높을수록 가난한 사람들은 게으르고 그 결과로서 가난을 받아들이는 것이 마땅하다는 고정관념을 가질 가능성이 더 높을 것이다. 전쟁이나 학살 같은 상황에서 공격을 가하는 가해자가 피해자를 짐승이나 바퀴벌레에 비유하며 비인간화하는 것도 한 가지 예다.

그러나 자기 정당화로는 설명할 수 없는 많은 경우들이 있다. 굳이 자기 행동을 합리화할 필요가 없는 상황에서 특정 집단에 대한 부정적인 고정관념을 가지는 것이나, 불리한 위치에 있는 비주류 계층의 사람들이 스스로를 폄하하는 고정관념을 받아들이고 자기 혐오를 형성하는 것 등이다.

집단 정당화는 자기 정당화를 확장된 자아, 즉 자신이 속한 집단으로 확대한 개념으로, 자신과 사회 정체성을 공유하는 집단 구성원들의 행동을 방어하는 상황에서 주로 나타난다. 집단 정당화 과정에서는 직접 대면해 본 적 없는 다른 집단에 대해, 자기 집단 속 다른 이들의 고정관념을 공유하는 일도 일어난다. 그리고 이러한 고정관념은 서로의 동조를 통해 집단 안에서 전파되고 강화된다. 그러나 자기 정당화와 마찬가지로, 집단 정당화 역시 왜 우월하다고 여겨지는 외집단과 비교하며 내집단을 부정적으로 평가하는지를 설명할 수 없다.

예를 들어, 성별에 대한 고정관념은 나이, 혼인 여부, 교육 수준 등을 막론하고 널리 퍼져 있는데, 여성들 스스로도 남성에 비해 여성을 열등하게 바라보는 경우들이 종종 나타난다. 성별 고정관념과 여성의 자기 억압은 체제 정당화 이론가들의 중요한 연구 주제인데, 실제로 한 연구에서는 여성들 스스로가 여성 집단을 "무능한", "비합리적", "수동적"이라고 묘사하는 사례들을 보고한 바 있다.[9]

성적 지향에 대해서도 마찬가지다. 무의식적인 고정관념을 평가하는 심리검사 결과를 보면, 동성애자들이 내집단인 동성애자들보다 외집단인 이성애자들을 선호한다는 뚜렷한 양상이 드러난다.[10] 인종에 대해서도 다르지 않다. 경찰관 모의실험에 참여한 아프리카계 미국인들은, 유럽계 미국인과 마찬가지로, 무장한 백인보다도 무장한 흑인을 향해 더 빨리 발포한다는 것이 밝혀졌다.[11] 영국 대학생들을 대상으로 한 조사에서도, 맨체스터대학교 학생들은 옥스퍼드대학교 학생들이 자신들보다 더 열정적이고 자기 확신이 있으며 명확하고 지적이라고 평가했다.[12]

이와 같이 자기 정당화나 집단 정당화는 자기 자신이나

내집단을 방어하려는 심리에 기초를 두고 있기에 설명하지 못하는 것들이 생긴다. 이와 달리 체제 정당화는 비주류 집단이나 소외 계급이 스스로에게 이득이 되지 않거나 해를 입는 상황에서도 기존 체제를 수용하거나 심지어 옹호하는 현상을 다룬다. 여기서 체제란 가정, 조직, 관습, 정부와 같은 다양한 차원의 사회 구조를 표상하기 위한 넓은 의미의 개념이다. 여러 연구 결과를 볼 때, 체제 정당화는 자기 자신이나 자기 집단의 이익을 방어하려는 동기보다 우세한 것으로 보인다. 이것이 자신과 내집단에 대한 고정관념이 형성되고 그에 대한 사회적 합의가 이루어지는 이유다.

연구자들은 이런 현상의 이면에 무의식중에 일어나는 심리적인 동기가 있을 것으로 보고 있다. 다시 말해, 현 상태를 수용하거나 옹호하는 것이 인식론적, 실존적, 관계적 욕구를 충족하기 위함이라는 것이다.[13, 14] 먼저 인식론적인 차원에서 인간은 세상이 질서 있고 예측 가능하다고 믿고 싶어 한다. 그런데 기존 체제를 정당화하면, 사회적 규범과 구조에 대한 명확한 상을 그림으로써 혼란을 줄이고 안정된 세계관을 유지할 수 있다. 한편 사회 체제에 대한 신뢰는 세상이 자신의 존재에 위협적이지 않고 안전하다는 느낌을 주는데, 이는 실존적 동기와 부합한다. 또한 주류 체제를 수용하면, 사회 구성원들로부터 인정받고 그들과 원활한 관계를 유지하며 소속감이나 유대감을 느낄 수 있다. 요컨대 체제 정당화는 인식론적 차원에서는 확실성과 예측 가능성을, 존재론적 차원에서는 생존에 관한 안전감을, 관계적 차원에서는 소속감과 유대감을 제공한다고 볼 수 있다.

체제 정당화 이론에서는 종교 문제도 중요하게 다룬다.[15] 체제 정당화의 관점에서 종교는 이념적으로 기존의 사회 질서를 변호하고, 기존의 관습과 규범이 정당하며 복종할 가치가 있음을 신적인 권위를 빌려 전파하는 수단으로 여겨진다. 예를 들어, 기독교의 공평한 신이나 힌두교의 업보와 환생 같은 개념들은 신자들로 하여금 내세나 다음 생에서의 보상을 기대하며 현재 주어진 자신의 사회적 지위와 처지를 받아들이도록 종용한다. 또한 종교는 체제 정당화의 심리적 동기들도 만족시킬 수 있다. 불확실성과 모호함의 감소라는 인식론적 욕구를 만족시키고, 죽음이라는 실존적인 불안과 공포에 대한 처방을 제공해 주며, 같은 신앙을 공유하는 이들과의 유대를 통해 관계적 동기를 충족시키기 때문이다.

본능을 정당화하는 체제

지금까지 체제 정당화 이론의 몇 가지 중요한 요소들을 알아보았다. 그런데 체제 정당화가 보수주의와 어떤 관계를 맺고 있는지는 신중하게 살펴보아야 한다. 먼저 앞서 언급했듯이, 체제 정당화가 보수의 사전적 정의와는 잘 들어맞는다. 쉽게 말해 체제 정당화와 사전적 의미의 보수는 모두 주어진 체제를 받아들이고 고수하려는 경향을 일컫는다. 따라서 체제 정당화 이론에서는 체제가 바뀌면 바뀐 체제에 적응하려는 새로운 심리가 생길 것이라고 예측한다. 즉, 사람은 여러 다양한 체제에 심리적으로 쉽게 동기화된다는 것이다.[7, 16] 그러므로 이러한 정의에 따르면, 보수는 체제 변화를 위한 행동에는 나서지 않을 것이다.

그러나 서문에서 지적했듯이, 실제 인간 사회에서 나타나는 보수의 양상은 이러한 정의와 맞지 않는다. 우리가 경힘해 아는 보수는 좀처럼 변하지 않는 어떤 내재적인 가치관, 신념, 심리적 기조를 지니고 있다. 게다가 적극적이거나 능동적인, 때로는 과격한 행동까지 동원함으로써 사회나 체제의 변화를 주도하거나 급진적으로 뒤바꾸기도 한다. 반대로 현실의 진보 역시, 사전적인 의미와 달리, 특정 가치관과 신념을 가지고 체제의 변화에 격렬하게 저항하기도 한다. 따라서 체제 정당화가 사전적인 보수와 일치할지는 몰라도 실제 보수와는 일치하지는 않는다.

체제가 변할 때 어떤 일이 전개될지 체제 정당화 이론에 따라 한번 상상해 보자. 예컨대 어느 날 지금의 남성 위주 혹은 가부장적 사회가 여성 주류 체제로 뒤바뀌어 여성을 우월시하는 문화와 제도 등이 만들어진다고 하자. 그러면 사람들은 점차 여성과 남성에 대해 지금과는 반대되는 고정관념을 가지게 될 것이다. 그리고 그 체제를 유지하려는 여러 심리적 동기에 따라 남성들은 여성을 우월시하고 스스로에 대한 부정적 인식을 내면화할 것이다. 또 다른 예로, 어느 날 이성애자가 소수자인 사회가 갑자기 도래한다면 이성애자들은 자신에 대한 편견을 받아들이며 그 체제에 적응하려 할 것이다. 흑인들이 미국 사회의 주류를 차지하고 백인들이 몰락한다면, 백인들은 흑인들을 우대하고 스스로를 열등하게 여길 것이다.

경제 체제에 대해서도 같은 일이 일어날 것이다. 예컨대 경쟁 기반의 자유시장 시스템이 붕괴하고 강력한 재분배로 평등을 추구하는 경제 체제가 주류로 자리 잡았다고 해보자. 체제를 정당화하는 심리는 개인의 능력에 기반한 경쟁 시스템을 수용하지 않으려 할 것이다. 이런 사회에서는 자신의 노력과 성과에 따른 대가를 요구하는 태도가 부적절하게 비칠 것이다. 지금 가난한 사람들이 경제적 불평등으로 피해를 보면서도 현 체제를 받아들이는 것처럼, 이런 사회에서는 능력자들이 강요된 평등으로 피해를 보면서도 그 체제를 받아들일 것이다.

이것이 체제 정당화 이론의 예측이다. 그러나 정말로 보수 성향을 지닌 이들이 뒤바뀐 체제에서 실제로 이와 같이 반응할 것인가에 대해서는 강한 의구심이 든다. 가부장적 가치관, 여성 혐오 내지는 안티페미니즘으로 대변되는 보수 남성들이 여성 우위 사회가 된다고 해서 과연 여성을 존중하고 뒤바뀐 성 역할에 쉽사리 적응할까? 성소수자를 억압하거나 동성애에 대한 반대 운동을 벌이던 기독교인들이나 극우 활동가들이 어느 날 동성애자가 주류인 사회에 편입된다고 해서 과연 동성애 혐오를 내려놓고 성소수자를 우러르게 될까? 흑인이나 아시아인을 열등하게 여기던 보수적인 백인이 흑인이나 아시아인이 기득권을 가진 국가로 자리를 옮긴다고 해서 과연 그들의 무의식적 편견이 사라질까? 자유시장과 사유재산을 절대적 원칙으로 신봉하는 이들이 공산주의 사회에서 살게 되었다고 해서 과연 그 체제를 공정하다고 생각하면서 만족하며 살아갈 수 있을까?

이런 질문들에 선뜻 그렇다고 대답하지 못하는 이유는, 혹은 보수를 사전적 정의나 체제 정당화로 설명하기 어려운 이유는 보수적인 이들이 가지고 있는 고정관념, 편견, 혐오가 그들의 본성과 같이 너무나 확고하며 때로는 비이성적일 만큼 과격하고 위험한 행태로까지 나타난다는 것을 우리가 경험으로 알기 때문이다. 그들이 기를 쓰고 고수하는 것은 단지 그들의 뿌리 깊은 본능일 뿐, 무슨 고상한 인식론적, 실존적, 관계적 동기를 가지고 체제를 지키려 한다는 고차원적인 설명은 그저 잘 포장된 핑계로 들릴 뿐이다.

물론 여러 실증적인 연구에서 보수주의와 체제 정당화 심리 간에는 강한 연관성을 보인다.[14, 17, 18] 심지어 연구자들은 설문을 통해 체제 정당화를 직접 측정하는 대신, 보수적 성향을 체제 정당화의 대리 지표로 사용하기도 한다.[19] 그러나, 뒤에서 설명하겠지만, 이는 이미 대부분의 기성 체제가 보수적인 인간 본성을 반영해 구축되어 있다는 방증일 것이다.

마르크스주의나 페미니즘과 같은 진보 진영은 부르주아나 남성 위주의 지배층이 자신들의 이익에 맞는 의도와 방향성을 가지고 사회 구조를 설계했다는 의심을 기본적으로 가지고 있는 듯하다. 그러나 안타깝게도 인간의 사고 능력은 스스로 생각하는 것만큼 뛰어나지 않다. 기획과 설계보다는 인간 본성에 따라 '자연스럽게' 구축된 것이 우리의 사회 체제일 것이다. 예외적으로 혁명을 통해 등장하는 체제는 일시적으로 유지될 뿐이다. 이런 관점에서 보면, 보수임을 자처하는 이들을 대상으로 심리 조사를 했을 때 그들이 선호하는 체제가 바로 현 상태, 기성 체제인 것은 당연한 결과다. 따라서 보수가 주어진 체제를 '정당화'한다기보다는 그들의 본성에 부합하게 구축된 체제를 '옹호'한다는 표현이 맞을 것이다. 다시 말하자면, 체제를 정당화하는 동기가 존재하는 것이 아니라, 본능을 정당화하는 체제가 존재하는 것이다.

사회 지배 지향성과 우익 권위주의

체제 정당화 이론과는 달리, 사회 지배 지향성과 우익 권위주의 이론에서는 진화의 결과로 나타난 인간 본성을 중요한 요인으로 간주한다. 이는 인간의 정치 심리가 자연선택의 결과로 발생한 본능으로서 쉽게 되돌릴 수 없다는 의미이기도 하다. 이것이 조스트와 견해를 달리하는 지점이다. 사회 지배 지향성은 하버드대학교의 짐 시다니우스[Jim Sidanius] 교수와 코네티컷대학교의 펠리시아 프라토[Felicia Pratto] 교수가 1994년에 논문에서, 1999년에 책에서 소개한 개념이다.[20, 21] 권위주의에 대한 문헌은 1950년까지 거슬러 올라가는데,[22] 이러한 고전적인 권위주의 이론을 발전시켜 1981년에 심리학자 밥 알테마이어Bob Altemeyer가 그 개념을 정립하고 체계적으로 정리한 것이 우익 권위주의다.[23]

사회 지배 지향성은 특정 개인이나 계층이 다른 이들을 지배하는 것을 옹호하는 성향을 말한다. 즉, 힘과 능력에 기반한 위계를 지지하는 폭넓은 지향성이라고 할 수 있다. 사회 지배 지향성이 높은 사람들은 사회적 불평등을 정당한 것으로 여기며 계층적 질서를 선호한다. 경쟁적이고 권력 중심적인 사고방식이라고 할 수 있다. 빈부의 격차가 존재하는 것을 당연하다고 생각하거나 복지 정책에 반대할 가능성이 높고, 가난한 사람들이 노력하지 않는다고 믿는 경향이 강하다. 인종, 성별, 계급에 따른 차별을 용인할 가능성도 높다. 반면, 사회 지배 지향성이 낮은 사람들은 평등하고 수평적인 사회를 지지하는 경향이 있다. 소수자에 대한 보호 또는 사회적 약자의 권리를 중시하고, 협력과 공존을 중요시하며, 사회적 원인의 해결을 강조할 가능성이 크다.

한편 우익 권위주의는 사회적으로 부여된 권위를 인정하고 그에 복종하며, 권위에 반하는 이들을 배척하고, 기존의 규범과 전통을 따르는 성향을 말한다. 이는 크게 세 가지 요소로 나뉜다. 첫째는 권위에 대한 순응이다. 정치적, 종교적, 군사적 권위 등에 맹목적으로 복종하는 경향을 말한다. 둘째는 권위에 도전하는 사람들에 대한 공격성이다. 체제에 반하는 개인이나 집단을 강하게 배척하며, 강력한 법과 질서를 통한 체제의 유지를 원한다. 셋째는 전통적 가치관과 사회적 관습을 고수하려는 태도다. 전통적인 가족 구조나 성 역할, 종교적 신념을 중요하게 생각한다. 예컨대 정치나 종교 권위에 대한 이견을 불순하거나 이단적이라고 간주하는 것, 체제 및 군사적 위협이 되는 세력이나 국가에 대한 강경한 입장, 범죄에 대한 무관용, 동성애는 창조 질서에 어긋난다는 주장, 남녀의 결혼으로 이루어진 가정만이 정상이며 여자는 가사와 양육에 충실한 것이 바람직하다는 가치관 등으로 표현할 수 있다.

사회 지배 지향성과 우익 권위주의는 모두 보수와 연관된다는 공통점에도 불구하고 미묘한 차이가 있다. 이 두 심리학 기제의 차이를 사회학적으로, 그리고 진화론적으로 비교 연구한 대표적인 학자가 뉴질랜드 오클랜드대학교의 크리스 시블리^{Chris Sibley} 교수다. 2009년에 제안한 그의 이

론에 따르면, 사회 지배 지향성은 경제적 보수, 우익 권위주의는 사회적 보수의 특성을 보인다.[24]

사회 지배 지향성은 세상을 치열한 경쟁이 벌어지는 약육강식, 적자생존의 정글로 인식하게 한다. 여기서 중요한 것은 힘 있는 자만이 살아남는다는 믿음으로서, 이들은 타인을 지배하고 우위에 서려는 동기를 지속적으로 갖는다. 이러한 세계관을 가진 이들은 사회적 불평등과 권력의 차이를 자연스럽고 불가피한 것으로 여기며, 부자나 기업에 대한 세금 인상, 복지 확대, 무상 또는 평준화 교육과 같은 정책에 비판적인 입장을 취한다.

반면 우익 권위주의는 세상을 위험하고 위협적이며 예측 불가능한 곳으로 인식하며, 질서와 안정, 기존 규범을 중시한다. 따라서 새로운 것을 경계하고 규칙을 중시하는 성격적 특성과도 연결된다. 사회 지배 지향성이 주로 경제적 측면을 중심으로 형성된다면, 우익 권위주의는 전통적 가치, 국가 안보, 사회 규범 등에 대한 태도를 설명한다. 과학에 대한 보수의 부정적인 태도도 우익 권위주의로 설명할 수 있다. 과거로부터 내려온 종교적 권위에 도전하는 체제라는 과학의 본질적 성격, 그리고 신기술이 만들어 내는 위험성이나 그 영향력의 예측 불가능성은 질서와 안정을 추구하는 우익 권위주의와 충돌한다.

우익 권위주의는 주로 사회적 위협을 인식했을 때 촉발된다. 권위주의적 성향을 타고난 이들이 사회에서 발생한 위협을 인식할 때 우익 권위주의가 발현된다.[25] 사회적 위협의 한 가지 예는 전염병의 확산이다. 30개국에서 1만 1,000여 명을 대상으로 한 대규모 국제 연구에 따르면, 병원체 회피 성향이 강할수록 전통적 가치와 집단 규범을 더 중시하는 경향이 있었다.[26] 그런데 질병의 위협으로부터 자신을 보호하려는 동기가 사회 지배 지향성과는 뚜렷한 연관성을 보이지 않았다. 두 심리 기제에 근본적인 차이가 있음을 암시하는 것이다.

보수가 보이는 반이민 정서에 대해서도 두 가지 다른 차원의 설명이 가능하다. 사회 지배 지향성은 경제적 보수주의 성향이므로, 이러한 심리가 강한 사람들은 이민자들이 내국인들과 제한된 자원을 놓고 경쟁하거나 기존의 사회 위계를 위협할 가능성에 더 민감할 것이다. 반면 우익 권위주의, 즉 사회적 보수주의 성향을 지닌 이들은 이질적인 문화나 체제의 배경을 지닌 이민자들이 사회 규범과 국가 안보에 위협이 될 가능성을 더 우려한다.

미국과 스위스에서 수행한 실증적 연구가 이러한 예측을 뒷받침한다.[27] 경제적 보수주의자들은 이민자들이 자원과 지위를 놓고 경쟁하는 상황에 대해 더욱 부정적인 반응을 보인 반면, 사회적 보수주의자들은 이민자들이 자신들의 규범에 동화되지 않는 상황에 대해 더 부정적인 태도를 보인 것이다. 간혹 이민에 반대하는 경제적 진보주의자들도 있다. 이민자들이 복지 제도와 같은 평등 지향적인 안전망에 부담을 준다고 인식되는 경우다. 실제로 덴마크의 사회민주당이 반이민 정책을 발표했을 때, 이러한 경제적 논리를 근거로 제시한 바 있다.

이와 같이, 조스트의 체제 정당화 이론은 이미 보수적 본성에 따라 구축된 기성 체제를 옹호하는 두 가지 심리 체계로 재구성할 수 있다. 경제적 보수를 설명하는 사회 지배 지향성과 사회적 보수를 설명하는 우익 권위주의가 그것이다. 요컨대 사회 지배 지향성은 개인의 능력에 기반한 자유시장 경제 체계를 옹호하고, 우익 권위주의는 전통적인 사회 제도와 규범을 옹호하는 심리로 이해할 수 있다. 조스트가 인용한 라보에시의 '자발적 노예'라는 비유를 빌려 표현하자면, 사회 지배 지향성은 돈과 권력에 대한 노예근성, 우익 권위주의는 권위와 관습에 대한 노예근성이라고 하겠다.

종종 혼용되지만 '권위'와 '권력' 사이에는 미묘한 차이가 있다. 권위는 제도적으로 승인된 가시적인 힘인 반면, 권력은 사회 집단 내부에서 은밀히 작동하는 힘이다. 이러한 권력의 속성을 철학적으로 고찰한 것이 바로 미셸 푸코Michel Foucault일 것이다. 『감시와 처벌』, 『성의 역사』 등에서 푸코는 권력을 특정 개인이나 집단에 귀속되는 권위적 구조가 아니라 모세혈관처럼 사회 도처에 퍼져 있는 다층적이고 미시적인 힘의 네트워크로 이해했다.[28, 29] 이런 관점에서 보면, 권력은 권위보다 더 동물적이다. 동물의 세계에는 구조적 제도라는 것이 없으며 오직 힘에 의한 위계, 즉 권력만이 존재하기 때문이다. 그렇다면 권위에 복종하던 과거의 노예보다 권력의 논리에 사로잡힌 현대판 노예들이 어쩌면 더 야만적인 상태에 놓여 있다고 하겠다.

보수 심리의 진화적 기원

한편 시블리는 두 심리학 기제의 진화적 기원을 추적해 그 차이를 설명하는 가설을 제시했다.[30, 31] 먼저, 사회 지배 지향성의 진화적 동기는 자원을 효율적으로 수집하거나 분배하기 위한 협력이다. 이 가설에 따르면, 인간이 공동으로 수렵과 채집을 하는 사회에서 무리 지어 살게 되면서, 진화적 압력은 다른 이들과 더 잘 협력하는 이들이 선택되는 방향으로 작용했다. 힘과 위계를 기반으로 하는 동물의 자원 분배 방식도 보다 평등한 분배 방식으로 대체되었는데, 이러한 변화로 인해 인간의 심리는 협력적 상호작용에 특히 민감하도록 진화했다.

우익 권위주의에 관해서는 인간이 점차 집단 순응적인 방식으로 사고하고 행동하게 되었다는 점에 주목한다. 인간 집단의 크기는 점차 늘어났고, 경쟁하는 외부 집단과의 상호작용도 점차 늘어났다. 이에 따라 집단 내 갈등 조정, 외부 집단과의 싸움을 위한 진화적 압력이 필요했고, 자연선택은 집단의 응집력을 증진하는 방향으로 이루어졌을 것이다. 이는 종교나 언어 등의 문화로 유지되는 집단 정체성, 자기 집단에 대한 소속감과 자긍심, 규율 위반에 따르는 도덕적 수치심과 위반 행위를 처벌하는 제도 등의 발달로 이어졌을 것이다.

이것이 시블리의 가설이다. 그러나 이러한 해석에는 생물학적으로 이해하기 어려운 점들이 존재한다. 먼저 진화의 방향성이다. 우익 권위주의의 진화를 집단에 대한 순응성의 발달로 설명하는 것에는 문제가 없어 보인다. 그러나 문제는 사회 지배 지향성의 진화다. 인간의 진화에서 협력적 성향이 발달하고 동물의 위계적인 분배가 평등한 분배로 대체되었다면, 오히려 인간 사회에서 사회 지배 지향성이 감소했어야 한다. 사회 지배 지향성의 진화적 메커니즘을 찾으려던 애초의 의도와 상충하는 것이다.

게다가 사회 지배 지향성과 우익 권위주의는 서로 연결되어 있다. 보수 성향이 높은 사람은 사회 지배 지향성뿐 아니라 우익 권위주의 역시 높게 나타난다. 보수 성향과의 관계를 떠나서도, 최근의 여러 연구에 따르면 이 두 가지 심리 기제는 유전학적으로 긴밀하게 연결되어 있다.[32, 33, 34] 이것이 이들을 동전의 양면이라고 표현하는 이유다.[34] 우익 권위주의는 강화되고 사회 지배 지향성은 약화되는 방향으로 진화했다는 해석은 이러한 실증적 데이터와 모순된다.

더 큰 문제점은 이러한 설명이 진화생물학에서 이미 기각된 집단선택group selection에 기반한다는 점이다. 집단선택설에 따르면, 집단의 이득을 높이는 개체가 자연선택에서도 유리하다. 상식적으로 생각할 때는 공동의 이익을 위해 자신을 희생할 수 있는 사람들이 더 많은 집단이 다른 집단과의 경쟁에서 승리할 가능성이 높아 보인다. 실제로 찰스 다윈조차 그렇게 생각했다. 『종의 기원』을 발표하고 12년 만에 출간한 『인간의 유래와 성선택』에서 다윈은 이타적인 행동을 설명하기 위해서는 집단 수준에서의 자연선택을 고려해야 한다고 주장했다.[35]

그러나 이는 생물학적으로 그렇게 단순한 문제가 아니다. 자연선택의 대상이 개체인지 아니면 집단도 포함되는지는 치열한 논쟁거리였다. 다윈과 마찬가지로 초기 진화론자들은 집단의 이익을 위해 희생할 줄 아는 개체군만이 살아남았을 것이라고 믿었다. 이러한 주장을 가장 적극적으로 펼침으로써 집단선택설의 대표 주자로 인식된 것이 조류학자 베로 윈에드워즈$^{Vero\ Wynne-Edwards}$다.[36]

이에 맞선 혈연선택$^{kin\ selection}$이 정설로 자리 잡기 시작한 것은 1960년대다. 먼저 존 메이너드 스미스$^{John\ Maynard\ Smith}$가 집단선택은 매우 특수한 조건에서만 일어날 수 있는 예외적인 현상이며 보편적인 진화 메커니즘은 혈연선택일 것이라는 내용을 1964년《네이처》에 발표했다.[37] 그리고 같은 해 윌리엄 해밀턴$^{William\ Hamilton}$은 포괄 적합도$^{inclusive\ fitness}$ 이론을 발표해 이타적인 행위가 유전적 근연도$^{genetic\ relatedness}$에 따라 이루어진다는 것을 밝혔다.[38, 39] 1966년, 조지 윌리엄스$^{George\ Williams}$는 자연선택이 오직 개체의 유전자를 대상으로 한다는 점을 분명히 하며 집단선택설에 종지부를 찍었다.[40] 이후 에드워드 윌슨$^{Edward\ Wilson}$의『사회생물학』(1975)과 리처드 도킨스$^{Richard\ Dawkins}$의『이기적 유전자』(1976)가 출간되면서 신다윈주의$^{neo-Darwinism}$는 전성기를 맞이했다.[41, 42]

가장 주목받은 집단선택설의 사례는 몇 년마다 바닷가 절벽에서 떨어져 죽음을 맞는 수천 마리의 나그네쥐였다. 집단선택설에서는 이를 두고 개체군의 밀도가 너무 높아 먹이가 부족해지면 늙은 쥐들이 후손을 위해 스스로 절벽에서 떨어지는 것이라고 주장했다. 그러나 이는 단순히 나그네쥐들이 먹이를 찾아 몰려가다가 뒤따라 오는 쥐들에 떠밀려 죽는 것임이 밝혀졌다.[43] 미국의 풍자 만화가 게리 라슨Gary Larson의 한 그림에는 떼 지어 죽으러 가는 나그네쥐들 사이에 구명 튜브를 멘 쥐 한 마리가 있다. 몇 세대만 지나면 이 나그네쥐 집단은 결국 이 쥐의 후손으로 가득해질 것이다. 즉, 전체 자원의 양과 집단 내 개체 수를 인지해 자기 조절을 하는 유전자라는 것은 아예 없었거나 금세 소멸했을 것이다.

반면 혈연선택은 흔히 '사회성 동물'이라고 불리는 벌이나 개미의 헌신적인 행동마저 설명한다. 자식을 낳지 않는 일개미는 여왕개미와 다른 일개미들을 돌보고 먹을 것을 나누며, 심지어 그들을 위해 목숨까지 바친다. 이는 한 여왕개미가 낳는 모든 암컷 자매들이 서로 유전자를 공유하는 정도가 무려 75퍼센트에 달하기 때문이다. 개미의 입장에서는 유전자를 50퍼센트 공유하는 자식을 낳아 기르기보다 75퍼센트의 근친도를 가진 자매를 계속 낳도록 여왕개미를 돕는 것이 유전적으로는 더 이득이다.

한때 과학자들조차 받아들이기 어려워했지만, 식물도 자신과 유전적으로 가까운 친족에게 이와 유사한 행동을 보인다.[44, 45] 기본적으로 물과 토양을 차지하기 위해 경쟁적으로 뿌리를 뻗는 것이 식물들의 속성이지만, 주변에 친족이 있을 때는 이런 행동을 억제한다.[46] 햇빛을 차지하려는 경쟁에서도 마찬가지다. 놀랍게도, 근친도가 높은 식물들은 잎이나 줄기의 성장 방향을 조정함으로써 서로를 가리지 않으려고 한다.[47, 48] 또한, 친족들이 가까이에 많은 경우에는 꽃을 더 크고 더 많이 피움으로써 나비와 같은 꽃가루 매개자들을 더 많이 끌어들인다.[49]

사회 지배 지향성과 우익 권위주의는 인간의 진화적 본성을 비중 있게 다룬다는 점에서 의의가 있다. 이것이 체제에 대한 유연한 심리적 반응에 더 큰 무게를 둔 체제 정당화 이론과의 차별점이다. 그러나 집단 수준에서 유리한 어떤 형질이 진화적으로 선호된다는 가정은 생물학적으로 받아들여질 수 없다. 기존 체제를 합리화하거나 우월성과 능력에 따른 위계와 차등적인 분배를 옹호하며 사회적 관습, 규범, 질서를 지키고자 하는 심리의 기저에 진화적 압력이 작동했다면, 그것은 어디까지나 개체 수준에서 일어났어야 한다.

이렇게 개체 수준의 진화로 설명할 수 있는 것이 바로 종교성이다. 이전에는 종교라는 사회적 제도가 먼저 생기고 그것이 집단 내 개체에게도 이득이 되기에 진화했다는 해석도 있었다. 예를 들어, 에드워드 윌슨은 종교에서 요구하는 복종적인 태도가 집단 내 위계 유지에 도움을 주는 적응적 특성이었을 수 있다고 생각했다.[50]

그러나 반대로, 개체들이 진화적 이점으로 이미 지니고 있었던 어떤 인지 능력들의 부산물로서 종교가 발생했을 가능성이 크다.[51] 우리 선조들은 늘 수많은 생존 위협에 노출되어 있었다. 따라서 적과 포식자를 탐지하거나, 자연 현상과 사건들의 원인을 추론하거나, 싸울 것인지 협력할 것인지를 두고 타인의 마음을 헤아리는 인지 능력이 필수적이었을 것이다. 이러한 행위자 탐지$^{\text{agent detection}}$, 인과관계 추론$^{\text{causal reasoning}}$, 마음 이론$^{\text{theory of mind}}$이 초자연적 존재인 신에게 투영된 것이 종교의 기원일 수 있다. 다시 말해, 인간의 본능은 마음을 읽을 수 있는 마음을 지닌 궁극적 행위자, 즉 신을 바로 자연 현상과 사건들의 배후에 있는 최초의 원인으로 추론하기 쉽다는 것이다. 예를 들어, 어린아이들은 귀신이나 유령에 대해 배운 적이 없어도 어둠 속에서 그러한 초자연적 존재를 떠올리는 본능적인 착시를 경험한다. 결국 개체의 생존 본능이 사회 안에서 구현된 형식들 중 하나가 종교라는 것이다.

우리가 다루고 있는 것은 인간의 정치 성향이다. 당연히 보수의 여러 심리적 특성은 모두 체제, 분배 질서, 규범, 관습과 같은 사회적 관계 안에서 개체가 지니는 태도에 관한 것이다. 사회학의 관점에서 이러한 심리적 선호나 인지적 양상이 개체의 진화적 이득과 어떠한 관련이 있는지를 찾기는 매우 어려웠을 것이다. 개체의 진화적 이득이란 어디까지나 생존과 번식의 성공률을 높이는 것으로 정의되기 때문이다. 종교의 진화를 설명할 때와 마찬가지로, 결국 해

답은 개체의 생물학에서 찾아야 할 것이다. 특히 뇌과학과 유전학이 중요한 단서를 제공해 줄 것이다.

더불어, 위계적인 지배 체계를 지향하고 권위주의적인 보수의 태도나 행동이 진화적 유불리와 어떤 관련이 있는지도 살펴볼 필요가 있다. 앞서 체제 정당화 이론에 대해 제기한 여러 반론에서와 같이, 보수의 심리는 대체로 특정한 방향으로 고정되어 있다. 평등보다는 힘과 능력에 따른 분배 질서를 옹호하며, 여성과 흑인, 성소수자보다는 남성과 백인, 이성애자를 우월하게 여기며 차별적으로 행동한다. 행위자 탐지, 인과관계 추론, 마음 이론 등의 심리학적 개념으로 종교의 진화적 배경을 설명한 것처럼, 다음 장들에서는 뇌과학과 유전학의 개념과 이론으로 이러한 사회적 태도와 행동의 기저에 깔린 본능이 진화적으로 어떻게 형성되어 왔는지를 살펴볼 것이다.

1장　보수의 심리

❝ 그저 본성에 따라 '자연스럽게' 구축된 것이 우리의 사회 체제다. 혁명은 예외적이며 일시적이다. 이것이 보수가 기성 체제를 옹호하는 이유다. ❞

❝ 보수가 지키려 하는 것은 체제가 아니라 본능이다. 체제를 정당화하는 동기가 존재하는 것이 아니라 본능을 정당화하는 체제가 존재하는 것이다. ❞

❝ 사회 지배 지향성은 돈과 권력, 우익 권위주의는 권위와 관습에 대한 노예근성이다. 권위와 비교해 권력은 더 동물적이다. 고로 권력의 논리에 사로잡힌 현대판 노예들이야말로 야만적인 상태에 놓여 있다. ❞

2장

보수의 뇌
참을 수 없는 불확실성의 두려움

과학 저널리스트 크리스 무니$^{Chris\ Mooney}$가 지적했듯이, 보수는 가짜 뉴스에 취약하며 잘못된 믿음을 고수한다.[52] 최근 국제학술지에 발표된 데이터도 이를 뒷받침한다.[53] 연구진은 소셜 미디어에서 가장 활발히 공유된 5,000여 개의 뉴스 기사에서 진위가 확인된 정치적 진술들을 가려냈다. 이로써 실제로 보수적인 사람들이 참과 거짓을 구분하지 못하는 경향이 있으며, 그에 따라 그들 사이에서 거짓 정보가 더 널리 퍼진다는 사실이 확인되었다. 우리가 일상에서 경험하는 보수의 인지적 편향이 단순한 편견이나 주관적인 인상이 아니라 실증된 객관적 사실에 부합한다는 것이다.

인지 편향에 대해 가장 잘 알려진 고전적인 연구로는 1974년 《사이언스》에 발표된 「불확실한 상황에서의 판단: 휴리스틱과 편향」을 들 수 있다.[54] 심리학자 대니얼 카너먼$^{Daniel\ Kahneman}$은 이 연구와 5년 후 발표한 전망 이론$^{prospect\ theory}$을 통해 행동경제학의 탄생에 기여했고,[55] 그 공로로 2002년 노벨 경제학상을 수상했다. '휴리스틱^{heuristic}'이란 인간이 판단을 내릴 때 사용하는 직관적인 규칙이나 단순한 전략 등을 일컫는 것으로, 이 논문에서 카너먼은 불확실한 상황에서 인간의 휴리스틱이 어떻게 편향을 초래하는지 다양한 데이터를 통해 보여주었다.

카너먼이 제시한 세 가지 주요 휴리스틱은 대표성^{representativeness}, 가용성^{availability}, 기준점^{anchor}이다. 대표성 휴리스틱이란 특정 범주를 대표하는 전형적인 특성에 기반해 판단하는 것을 말한다. 예를 들어, 두꺼운 안경을 쓰고 한 가지에 골몰하며 현실과 동떨어진 말이나 행동을 하는 사람을 보면 사람들은 그를 수학자나 과학자일 것이라고 섭게 짐작해 버린다. 이 예시를 읽으면서도 대부분은 남성을 상상했을 것이다.

가용성 혹은 접근성 휴리스틱은 머릿속에 쉽게 떠오르는 정보를 기반으로 판단하는 것이다. 예를 들어, 사람들은 어떤 사건의 발생 빈도를 판단할 때 실제 데이터를 활용하기보다는 구체적인 예가 얼마나 쉽게 떠오르는지에 의존한다. 뉴스에서 비행기 사고를 자주 접하고는 자동차보다 비행기가 더 위험하다고 느끼는 것이다.

기준점 휴리스틱은 처음 주어진 값에 의존하게 되는 경향이다. 예를 들어, 사람들에게 $8 \times 7 \times 6 \times 5 \times 4 \times 3 \times 2 \times 1$ 또는 $1 \times 2 \times 3 \times 4 \times 5 \times 6 \times 7 \times 8$의 값을 빠르게 추정해 보라고 하면, 첫 번째 식에 대한 추정값은 평균 2,250인 반면 두 번째 식에 대한 추정값은 평균 512밖에 되지 않는다. 맨 앞자리 수를 기준으로 판단하기 때문이다. 할인 판매 시 원래 가격을 표시해 놓는 이유이기도 하다.

휴리스틱을 사용할 때 우리 뇌가 어떻게 작동하는지를 기능성 MRI로 분석한 연구들도 있다. 기능성 MRI는 대상자가 휴식 상태나 어떤 주어진 작업을 하는 동안 뇌에서 일어나는 기능적인 변화를 관찰하는 뇌 영상 기술이다. 예컨대 한 연구에서는 선택의 불확실성이 클수록 위험과 보상을 고려해 판단하는 내측전전두엽medial prefrontal cortex의 활성이 증가하는 것으로 나타났다.[56] 또한 휴리스틱을 사용하는 경우가 복잡한 최적의 계산을 수행하는 경우보다 내측전전두엽의 반응 시간이 90밀리초 정도 빠르게 나타난다는 것이 확인되었다. 이와 비슷하게 기억과 감정에 기반한 휴리스틱을 사용하는 다른 상황에서의 뇌 영상 연구들도 수행된 바 있다.[57, 58]

한편 조스트는 정치 성향에 따라 휴리스틱을 사용하는 정도가 어떻게 다른지 행동실험을 통해 분석했다.[59] 진보 성향의 참가자들은 주어진 진술의 신뢰성을 평가하고 설득력이 높은 경우에만 입장의 변화를 보이는 데 반해, 보수 성향의 참가자들은 평가 과정을 제대로 거치지 않으며 진술이 논리적이지 않은 경우에도 설득되는 경향을 보였다. 게다가 보수적인 참가자들은 진술을 한 사람이 그와 같은 지역 출신이거나 나이가 비슷하다는 등의 이유로 설득되는 모습도 보였다.

사회심리학자 아리 크루글란스키$^{Arie\ Kruglanski}$는 인지적 '종결 욕구$^{need\ for\ closure}$'라는 유명한 개념을 제시했다.[60] 불확실한 상태를 견디지 못해 빨리 벗어나고 싶어 하는 욕구를 말한다. 이는 깊이 생각하지 않고 빠르고 손쉽게 결론을 내리는 습성을 유발한다. 그리고 바로 이 과정에서 휴리스틱이 사용된다. 한 연구에 따르면 종결 욕구가 강할수록 우파 정당에 투표하거나 보수적인 관점을 지닐 가능성이 더 높았다.[61] 그리고 이렇게 종결 욕구가 보수적 신념을 형성할 때 주로 우익 권위주의 심리가 작용하는 것으로 보인다.[62] 기존의 관습과 규범 등을 기준으로 옳고 그름을 빠르게 판단함으로써 종결 욕구를 만족시킨다는 것이다.

이처럼 우익 권위주의는 휴리스틱의 사용에 현재의 관습과 규범이라는 지침을 제공해 줄 수 있다. 반면 휴리스틱과 사회 지배 지향성의 관계는 아직 불분명하다. 앞서 설명한 바와 같이, 보수의 사회 지배 지향성 심리는 기득권층의 지배와 능력에 기반한 불평등한 분배라는 일관된 선호를 띤다. 집단을 효율적으로 유지하기 위해서라면 보다 평등한 다른 체계를 활용하는 것도 가능할 텐데 말이다. 따라서 휴리스틱과 이러한 내재적 선호도의 관계를 한 번 살펴볼 필요가 있다.

이때 주목할 만한 개념이 바로 뉴욕대학교 안드레이 심피언Andrei Cimpian 교수가 제안한 내재성 휴리스틱inherence heuristic이다.[63] 이는 사람들이 어떤 현상의 원인을 내재적인 속성 때문이라고 간단히 추론해 버리는 인지 전략으로, '원래 그렇다' 혹은 '그럴 수밖에 없다'라는 식의 본질주의적 사고방식을 말한다. 실제로 많은 현상은 다양한 외적 요인들이 작용해 발생한다. 그러나 외적 요인들을 파악하려면 별도의 정보와 해석이 필요하다. 따라서 그러한 정보 수집과 해석에 노력을 들이는 대신, 상대적으로 쉽게 얻을 수 있는 내적 요인으로 설명함으로써 인지적 종결 욕구를 만족시키는 것이다. 몇 가지 테스트 결과를 보면 이것을 일종의 가용성 휴리스틱으로 간주할 수 있다.[64] 내재적 특성은 외부 요인에 비해 머릿속에 쉽게 떠오르는 정보이기 때문이다.

예컨대 전 세계에서 가장 유명한 작품이라는 〈모나리자〉를 생각해 보자. 〈모나리자〉가 이렇게 유명해진 이유에 대한 가장 간단한 설명은 그림 자체가 지닌 예술적 가치가 높기 때문이라는 것이다. 그러나 〈모나리자〉는 처음 루브르박물관에 전시되었을 때만 해도 별다른 주목을 받지 못했다. 〈모나리자〉가 국제적인 명성을 얻게 된 것은 1911년에 발생한 도난 사건이 언론에 대서특필되면서였다.[65] 사람들은 〈모나리자〉를 영영 찾지 못할 것이라 생각했지만, 2년이 지나 우연한 기회에 범인이 잡히면서 〈모나리자〉는 극적으로 돌아오게 되었다. 이러한 사연이 작품성과 상관없이 〈모나리자〉의 명성에 기여했다는 것을 이해하는 데는 많은 정보와 해석의 노력이 필요하다.

내재성 휴리스틱과 유사한 개념으로 가격-품질 휴리스틱$^{\text{price-quality heuristic}}$이 있다.[66] 한마디로 어떤 상품이 값비쌀 때 곧바로 그것이 우수한 품질이나 성능을 지녔을 것이라고 추론하는 것이다. 상품의 품질을 제대로 평가하는 것은 복잡하고 어려운 과정이기에, 제품이 질적으로 우수하기 때문에 높은 가격이 매겨져 있다고 간단히 생각해 버리는 것이다. 이는 내재성 휴리스틱의 한 형태로 볼 수 있다.

심피언은 이러한 심리가 사람을 대상으로 향하는 것에

관심을 기울였다. 그의 연구에 따르면, 우리가 다른 사람을 평가할 때 사용하는 내재성 휴리스틱은 우리의 본능과 같아서 매우 어린 시기부터 작동하기 시작한다.[67] 그는 4세부터 8세 사이의 아이들에게 '티쿠'라는 어떤 행성에 사는 '블라크'라는 부유한 종족과 '오프'라는 가난한 종족에 대한 이야기를 들려주었다. 그리고 왜 블라크가 더 부자인지에 대한 내재적 설명과 외재적 설명을 이야기해 주었다.

내재적 설명이란 블라크와 오프가 같은 지역에 살지만 블라크가 원래 더 똑똑하고 열심히 일하는 사람들이기에 부자가 되었다는 설명이다. 외재적 설명이란 블라크와 오프가 똑같이 똑똑하고 부지런하지만 블라크가 어쩌다 보니 금광이 있거나 한 더 좋은 지역에 살게 되었다는 설명이다. 이야기를 들은 아이들에게 어떤 이야기가 더 맞다고 생각하는지 물어보자, 아이들은 대체로 내재적 설명에 더 동의하는 것으로 나타났다. 그리고 내재적 설명에 동의한 아이들은 블라크와 오프 사이의 불평등을 더 쉽게 받아들이는 것으로 나타났다.

그렇다면 머나먼 행성에 사는 가상의 종족에 대한 이야

기가 아니라 실제 현실에 대한 인식에도 내재성 휴리스틱이 영향을 미칠 수 있을까. 미취학 아동들을 대상으로 한 최근 연구에서는 또래 간의 학업 성취도 차이를 아이들이 어떻게 받아들이는지를 조사했다.[68] 결론적으로 아이들은 교육 자원에의 접근성과 같은 외재적 요인보다 지능과 같은 내재적 요인에 훨씬 더 의존하는 경향을 보였다. 좋은 선생님이나 부유한 가정 환경과 같은 외적 요인은 간과한 채로 '원래부터 똑똑하다'는 식으로 타고난 특성에 이유를 돌리기 쉽다는 것이다.

이는 최근 들어 사회적 문제로 크게 부각된 능력주의meritocracy에 대해서도 시사하는 바가 크다.[69, 70] 심피언은 2025년에 발표한 인지과학 논문에서 능력주의를 휴리스틱의 관점에서 분석한다.[71] 마치 아이들이 블라크가 부자인 이유가 더 똑똑하고 열심히 일하기 때문이라고 본능적으로 판단하는 것처럼, 우리 사회 전반에도 이러한 휴리스틱 기반의 단순화된 믿음이 무의식 깊숙이 퍼져 있다는 것이다. 우리의 뇌는 부유한 이들이나 직업에서 성공한 이들을 보면 타고난 재능과 남다른 노력을, 가난한 이들이나 노숙자들을 보면 게으름과 무능력을 자동적으로 떠올린다. 항상 한 번 더 생각하려는 노력이 필요한 이유다.

카너먼이 우리 뇌가 자주 오류에 빠진다는 것을 널리 알린 것은 무려 50년 전의 일이다. 이후로도 많은 뇌과학자들이 인간의 뇌가 만들어 내는 어처구니없는 착각과 인지적 오류를 지속적으로 밝혀냈다. 그럼에도 불구하고 우리 안에는 뇌를 향한 일종의 경외심이 여전히 깊게 자리 잡고 있다. 이는 인간 스스로에 대한 과대평가일 수 있다. 인문학자들은 때때로 인간이 만들어 낸 문화와 지식을 지나치게 고차원적인 것으로 포장한다. 과학자들도 그렇다. 초기 인공지능 개발자들과 마찬가지로, 오늘날에도 일부 연구자들은 인간의 뇌를 충실히 모사한 신경망을 만드는 것을 지상 과제로 여긴다. 물론 그러한 인공지능은 겉보기에 뇌의 신경 구조를 닮았지만 실제로는 철저하게 수학적 알고리즘에 따라 작동한다.

우리는 이제 인공지능의 위험성을 진지하게 경계하는 단계에 들어섰다. 하지만 그에 앞서 인간의 '자연 지능'에 대한 성찰부터 선행되어야 할 것이다. 인간의 뇌가 휴리스틱과 같은 편의적인 사고방식으로 빈번하게 오류를 범하며, 이러한 오류가 개인 차원을 넘어 사회적 차원으로까지 확산되기 때문이다. 인간은 사회를 구성하고 제도를 설계하며, 그 과정에서 타인을 평가하고 판단한다. 따라서 우리의 자연 지능이 만들어 내는 편향은 사회적 결정과 사회 구조의 형성에 깊숙이 개입될 수밖에 없다.

내재성 휴리스틱의 기원, 번식 본능

그런데 휴리스틱에 대해 심리학에서 그다지 주목되지 않은 것이 그것의 적응적 측면이다. 여러 사람에게 어떤 인지적 성향 혹은 선호가 공통적으로 나타난다는 것은 그에 대한 진화적 기원이 있음을 시사한다. 다른 사람의 능력을 평가하는 데 4세에 불과한 어린아이들에게서도 내재성 휴리스틱이 발현된다는 사실이 이를 뒷받침한다.

이를 이해하기 위해서는 다윈의 성선택sexual selection 이론과 행동생태학자 아모츠 자하비Amotz Zahavi 의 핸디캡 이론handicap theory을 알아야 한다. 유성생식을 하는 동물들을 살펴보면 크고 화려하며 노래하거나 춤추는 것은 거의 예외 없이 수컷이다. 수사자의 갈기, 길고 화려한 수컷 공작의 꼬리, 수사슴의 크고 아름다운 뿔, 수컷 새들의 화려한 색과 지저귐, 수컷 개구리의 크고 낮은 울음소리, 마치 화장이라도 한 듯 적색, 청색, 백색이 화려하게 어우러진 수컷 맨드릴의 얼굴이 대표적이다.

다윈은 주로 수컷들이 보이는 이런 형질이나 행동에 의문을 가지고 있었다. 다윈이 생존에 유리한 자질이 자연선택을 통해 살아남는다는 것을 밝혀낸 것은 1859년 『종의 기원』에서였는데,[72] 정작 이동을 어렵게 하는 공작의 꼬리나 사슴의 뿔, 멀리서도 눈에 띄는 새들의 화려한 색 등은 생존과는 무관하거나 오히려 생존에 불리하게 작용하는 것처럼 보였던 것이다. 이 문제를 다룬 것이 1871년 발표된 『인간의 유래와 성선택』이었다.[35] 여기서 다윈은 생존에 불리해 보이는 수컷의 형질과 행동이 암컷에게 짝짓기 상대로 선택되는 면에서는 유리하게 작용할 것이라고 추측했다.

그러나 다윈의 이론에서는 생존에서의 불리함과 번식에서의 유리함을 연결하는 메커니즘이 확실하지 않았다. 이

빠진 퍼즐 조각을 맞춘 것이 바로 핸디캡 이론이다.[73-78] 자하비는 생존에 불리하게 작용하는 핸디캡 그 자체가 암컷이 수컷을 선택하게끔 한다고 주장하며 이를 '값비싼 신호costly signal'라고 불렀다.[73, 74] 예컨대 포식자를 만나도 도망가지 않고 제자리에서 팔짝팔짝 뛰는 톰슨가젤의 대담한 행동은 생존에 불리한 조건에서도 살아남을 만큼 자신이 건강하다는 것을 과시하는 행동이다.

또한 자하비는 비용이 큰 신호가 발신자에 관한 정보를 정직하게 반영한다고 보았다. 비싼 신호는 만들고 유지하기 어렵다. 약한 개체는 비용을 들여 신호를 만들 능력이 되지 않을 뿐 아니라 강한 척 신호를 보냈다가 큰 대가를 치르게 되기 때문이다. 그리고 자연선택의 작용이 있다. 생존에 유리한 신호만이 다음 세대로 이어진다. 값비싼 신호가 보내는 메시지의 핵심은 바로 유전학적 능력으로서, 만약 어떤 신호가 거짓인데 암컷이 이 신호에 속아 짝짓기를 한다면 그것에서 태어난 자식들의 생존율은 낮을 것이다. 따라서 위장 신호는 진화 과정에서 결국 도태되고 정직한 신호honest signal 만이 유지된다.

도킨스는 신호의 정직성이 유지되는 이유를 진화적 군비경쟁의 관점에서 이해했다.[79] 즉, 부정직한 위장 신호는 수신자에게 불리하므로 수신자가 이러한 신호에 저항하는 메커니즘을 발달시킬 것이라고 추론한 것이다. 신호의 비용이 높을수록 신뢰성이 유지된다는 것은 게임 이론과 수리 모델로도 입증되었다.[73] 이는 자하비의 핸디캡 이론이 진화적으로 안정된 전략이라는 것을 수학적으로 입증한 중요한 연구로 받아들여지고 있다. 한편, 어떤 신호가 핵심적인 생리학적 특성과 인과적으로 연결되어 있는 경우에는 반드시 비싼 비용이 들지 않더라도 정직성이 확보된다는 가설도 제시된 바 있다.[80]

최근의 생물학 연구 결과들도 정직한 신호 이론을 뒷받침한다. 꼬리에 더 많은 무늬를 가진 수컷 공작들, 과시 행위를 더 많이 하는 수컷들은 면역학적으로도 더 건강하다.[81] 인위적으로 염증 반응을 유도해 보면 수컷 공작들의 과시 행위는 전반적으로 줄어드는데, 그 와중에도 꼬리의 무늬 개수가 많은 수컷들은 평상시와 비슷한 수준의 과시 행위를 보인다.

칠면조의 부리에 길게 늘어진 스누드^{snood}라는 피부 조직 역시 특별한 생존 기능 없이 성적 신호로만 사용되는 장식물이다. 암컷 칠면조들이 스누드의 길이가 긴 수컷을 선호한다는 것은 일찍이 관찰되었다.[82] 최근 유전자 연구에서는 스누드의 길이가 긴 수컷들이 집단 내 다른 수컷들에 비해 면역학적으로 유리한 유전자형$^{genotype,\ allele}$을 지니고 있다는 것이 밝혀졌다.[83] 이런 수컷들은 면역 기능을 돌보는 대신 추가 자원을 찾는 활동에 투자할 수 있으며, 이렇게 획득한 자원은 다시 스누드의 성장에 쓰일 수 있다는 추정이 가능하다.

미국의 진화심리학자 제프리 밀러$^{Geoffrey\ Miller}$는 이러한 성선택과 신호 이론의 관점으로 인간 고유의 자질들을 설명하고자 했다. 밀러는 그의 저서 『연애』에서 인간의 복잡한 특성들을 짝짓기 경쟁의 부산물로 보면서, 인간이 생존 기계가 아닌 연애 기계라고 주장한다.[84] 지능, 창의성, 예술적 감성, 유머 감각 등은 모두 생식 성공을 위한 신호로 작동하며, 따라서 진화적인 적합도 지표로 사용될 수 있다는 것이다.[85]

밀러는 더 나아가 『스펜트』에서 비싼 차나 미술 작품 등을 구매하는 현대인의 과시적 소비 행동도 이러한 신호 전략의 일부라고 설명한다.[86] 사회학자이자 경제학자인 소스타인 베블런Thorstein Veblen은 일찍이 그의 명저 『유한계급론』에서 이러한 과시적 소비를 비판한 바 있다.[87] 즉, 인간의 소비와 유흥의 궁극적인 동기가 남들에게 과시하고자 하는 욕망이라는 점을 지적한 것이다.

사실 신호 이론은 생물학이 아닌 경제학에서 먼저 제안되었다. 카너먼보다 1년 앞서 노벨 경제학상을 수상한 마이클 스펜스Michael Spence는 정보의 비대칭 상황에서 어떻게 신호를 통한 정보 전달이 가능한지에 대한 이론을 개발했다. 거의 모든 정보는 비대칭적이다. 즉, 누군가가 아는 것을 다른 누군가는 모른다. 이런 상황에서 신호란, 정보를 가진 쪽이 그 정보를 다른 이들에게 전달하는 형태나 방식을 말한다.

자하비가 핸디캡 이론을 발표한 1975년보다 2년 앞서 스펜스는 구직 시장에서 작동하는 신호에 관한 매우 잘 알려진 논문을 발표했다.[88] 그의 이론에 따르면, 구직자의 학위는 자신의 능력을 알리는 신호로 기능한다. 유능한 사람에게는 이 신호의 비용이 낮은 반면 무능한 사람에게는 높기 때문이다. 즉, 교육 수준이란 노동자의 능력에 대한 값비싼 신호이자 정직한 신호라고 볼 수 있다. 동물의 번식을 위해 작동하는 생태학적 신호와 인간 사회에서 작동하는 경제학적 신호에 대한 전혀 다른 분야의 두 이론이 공교롭게도 거의 같은 시기에 발표된 것이다.

이처럼 동물로서 우리 인간은 다른 개체가 과시하는 속성을 있는 그대로 받아들이기 쉽도록 진화해 왔다. 이것이 바로 내재성 휴리스틱이 타인을 대상으로 작동할 때 우리 안에서 본능적으로 일어나는 일이다. 사람들의 능력과 성과를 타고난 재능으로 간주하는 인간의 동물적 성향은 능력주의에 기반한 기득권층의 지배와 불평등한 분배를 자연스럽고 정당한 것으로 받아들이게 하는 심리 기제로 작동한다. 다시 말해, 사회 지배 지향성 심리의 밑바닥에는 정직한 신호라는 성선택 메커니즘이 자리하고 있는 것이다.

동물들이 정직한 신호를 주고받는 것은 납득할 만한 일이다. 동물의 세계에서 신호 체계가 정직성을 띠는 이유는 그들이 내보이는 값비싼 신호가 유전자에 귀속되기 때문이다. 그러나 인간 사회에서는 그렇지 않다. 유전학적 능력과 상관없이 왜곡된 자본주의 체제에서 얻은 일확천금이나 상속받은 재산을 과시하는 것은 부정직한 신호다. 스펜스가 예로 든 학력도 이제는 점점 더 부모의 재력에 의한 위장 신호가 되어가고 있다. 단적인 예가 기부금 입학이다. 그럼에도 의식적으로 통제되지 않는 인간의 본능은 이 모든 것을 정직한 신호로 착오하여 받아들이고 만다. 이처럼 신호가 교란된 상태의 최대 수혜자는 바로 기득권층이다.

동물의 세계에서 정직한 신호가 유지되는 또 한 가지 이유는 그들이 자연적이고 선천적인 조건에 따라 살아갈 수밖에 없는 존재들이기 때문이다. 그들에게는 자연을 초월한다는 개념 자체가 부재한다. 그러나 인간은 다르다. 오히려 우리는 누군가가 주어진 조건을 뛰어넘는 모습을 보고 큰 감동을 느낀다. 어떤 이가 굳은 의지로 역경을 극복했을 때, 주변 사람들의 선한 손길로 어려움을 이겨냈을 때, 불리한 위치에 놓인 사람들도 사회에서 동등한 자격을 가지고 살아갈 때, 비로소 우리는 인간으로서의 자부심을 느낀다.

그러므로 우리 내면에서 아직까지도 '정직한' 신호가 작동하고 있음을 발견한다면, 우리는 부끄러움과 수치심을 느껴야 한다. 능력주의 사회에서 분별력을 잃어버린 우리 인간들은 재력가나 대기업 CEO, 유명 인사나 유력 정치인, 스포츠 스타나 연예인들에게 무작정 열광하고 환호한다. 지성의 요람이라는 대학조차 기부자가 무엇으로 어떻게 돈을 벌었든 거액의 기부금 앞에서는 머리를 조아린다. 겉으로는 고결하고 이성적인 존재인 척하지만 동물적 본능에서 벗어나지 못하고, 스스로를 고차원적인 존재로 여기지만 실상 휴리스틱이라는 원시적인 인지 체계에 의존하고 있는 것이 바로 우리 인간이다.

보수적 베이지언의 기원, 생존 본능

지금까지 휴리스틱이 인간의 번식 본능과 어떤 관계가 있는지를 살펴보았다. 이번에는 베이지언 뇌$^{Bayesian\ brain}$라는 개념이 어떻게 보수의 뇌를 규정하는지 살펴보고자 한다. 뇌의 정보 처리와 추론 방법을 설명할 때 휴리스틱 이론이 직관에 기반한다면, 베이지언 뇌 이론은 확률에 기반한다.

그러나 베이지언 뇌 모델이라는 틀 안에서도, 시간, 에너지, 정보 등이 제한된 상황에서는 휴리스틱이 더 실용적인 방식으로 차용된다.[89] 즉, 두 접근법은 대립하면서도 상호보완적인 관계에 있다.

베이지언 이론은 토머스 베이즈$^{Thomas\ Bayes}$의 1763년 논문에서 제안된 베이즈 정리$^{Bayes'\ theorem}$를 기반으로 하는 통계학 방법론으로서,[90] 표준적인 방법론으로 여겨진 빈도주의 통계학에 밀려 100여 년간 별다른 주목을 받지 못했다. 하지만 컴퓨터의 발전과 함께 점차 중요한 분석 도구로 자리 잡다가 최근에는 빅 데이터와 인공지능의 등장으로 크게 각광받고 있다.

베이지언 이론 중에서도 주관적 베이즈주의$^{subjective\ Bayesianism}$에 따르면, 확률은 사람들이 특정 사건이나 명제에 대해 가지는 신념도 혹은 불확실성에 대한 주관적 평가를 뜻한다. 이것이 확률을 사건의 빈도로 정의하는 빈도주의와의 결정적인 차이점이다. 예를 들어, 어떤 사람이 내일 비가 올 확률이 80퍼센트라고 말할 때, 주관적 베이즈주의자는 그 사람이 내일 비가 올 것을 80퍼센트 확신한다고 해석한다.

흥미로운 점은 이것이 뇌가 세상을 바라보는 방식과 매우 유사하다는 것이다. 뇌는 세상에 대한 선험적 믿음을 가지고 있는데, 이는 베이지언 통계에서 사전 확률prior probability에 대응한다. 그리고 새로운 정보가 들어오면 뇌는 믿음을 조정하는데, 이는 이론에서 사후 확률posterior probability에 대응한다. 예를 들어, 동전 던지기를 생각해 보자. 대부분의 사람은 동전의 앞면과 뒷면이 나올 확률이 똑같이 0.5라고 생각한다. 반면 편향을 가진 사람은 동전이 조작되어 앞면이 나올 확률이 0.8이고 뒷면이 나올 확률이 0.2라고 믿는다. 이렇게 사전 확률에 차이가 있으면 같은 결과를 가지고도 사후 확률이 다르게 계산되는데, 주관적 베이즈주의는 이러한 개인의 선험적 믿음의 차이를 인정한다.

요컨대 신경과학의 베이지언 뇌 이론은 우리 뇌가 세상에 대한 확률 모델을 기반으로 작동한다고 본다.[91-95] 새로운 정보를 받아들일 때마다 이러한 모델이 수학적으로 갱신되고, 그에 따라 세상에 대한 인식도 조정된다는 것이 이론의 골자다. 1999년 《네이처 신경과학》에 베이지언 뇌의 핵심 메커니즘이 제시된 후 2025년 종설 논문이 나올 정도로 최근까지 꾸준히 연구되고 있다.[91, 95] '베이지언 뇌'라는 용어가 처음 사용된 것은 2004년으로,[92] 그해 《네이처》에 보고된 연구에서는 참가자들로 하여금 가상현실 환경에서 손가락으로 목표 지점을 가리키는 과제를 수행하게 하고 이들의 학습 과정을 추적했다.[96] 결과적으로, 사람의 뇌가 감각운동을 학습할 때 베이지언 추론 모델을 따른다는 것이 입증되었다.

그런데 놀랍게도, 베이지언 뇌의 작동 과정에서도 편향이 발생할 수 있다. 카너먼은 1974년에 발표한 논문「불확실한 상황에서의 판단: 휴리스틱과 편향」과 동일한 제목의 책을 1982년에 출간했는데, 여기에는 저명한 베이즈주의 심리학자인 워드 에드워즈^{Ward Edwards}의 「인간 정보 처리의 보수성」이라는 논문이 실려 있다.[97] 이 논문에서 에드워즈는 사람들에게는 새로운 정보를 접하더라도 의견을 크게 바꾸지 않으려는 경향이 있음을 지적한다. 인간이 베이지언 원리에 따라 추론하기는 하지만, 실제로는 수학적으로 요구되는 만큼 확률 조정을 하지는 않는다는 것이다. 이와 같이 사후 확률이 사전 확률과 비슷하게 유지되는 경향을 '보수적 베이지언conservative Bayesian'이라고 한다.[89] 이후 여러 연구에서 보수적 베이지언이 다양한 상황에서 나타난다는 것이 관찰되었다.[98, 99]

그렇다고 모든 사람이 보수적 베이지언이라는 뜻은 아니다. 몇 가지 행동실험으로 분석해 보면, 사람들 사이에는 상당한 경향 차이가 존재함을 알 수 있다.[100] 뇌파 검사로도 새로운 정보를 중시하는 정도와 기존 정보에 의존하는 정도를 측정할 수 있는데, 사전 믿음을 고수하는 보수적 결정자들은 심지어 새로운 정보가 제시되기도 전에 이미 결정을 내리는 경향이 있었다.[101]

베이지언 뇌 이론에서 말하는 이러한 인지적 보수성과 정치적 보수성의 관계는 매우 흥미로운 주제다.[102] 무니가 지적했듯이, 보수는 기존의 신념을 지나치게 고수하는 경향이 있다. 베이지언 개념으로 해석하자면, 이는 사전 확률의 분포가 좁다는 것(분산이 작다는 것)을 의미한다. 예컨대 백신의 위험도를 0에서 1 사이의 수로 평가할 때, 사람들이 대개 0.1~0.5에서 느슨하게 값을 매긴다고 해보자. 이때 백신 음모론에 빠진 사람의 베이지언 뇌는 백신 위험성을 0.90~0.95 정도로 믿는다는 것이다. 이렇게 사전 확률의 분포가 좁으면 새로운 정보가 주어져도 사후 확률이 바뀌기 어렵다.

그렇다면 특히 우익 권위주의의 관점에서 보수가 특정한 방향으로 선입견을 가지는 현상은 어떻게 설명할 수 있을까. 왜 백신이 안전하다고 믿는 대신 위험하다고 믿는 것이며, 왜 하필 다른 것이 아니라 백신이 위험하다는 강한 믿음에 사로잡히는 것일까. 또한 왜 다른 인종과 이민자, 특히 흑인과 성소수자를 배척하는 방향으로 사전 믿음을 형성하는 것일까.

앞서 우리는 휴리스틱의 방향성을 다윈의 성선택 이론, 자하비의 핸디캡 이론, 그리고 경제학의 신호 이론을 통해 진화론적으로 이해하고자 했다. 생존보다는 번식에 초점을 둔 것이다. 이와 비슷하게, 보수적 베이지언 뇌가 지닌 선험적 믿음의 방향성은 혐오, 행동면역계, 교감신경의 진화라는 관점에서 이해할 수 있다. 이는 번식보다는 생존에 초점을 두는 것이다.

생존에 필수적인 능력들 중 하나는 위험한 대상을 재빨리 인식하고 그에 대응하는 것이다. 이런 상황에서는 복잡하고 정교한 이성적 판단을 내리기보다 단순하고 즉각적인 감정적 반응에 따라 행동하는 것이 훨씬 유리하다. 위험한 것을 안전하다고 착각하는 것보다는 안전한 대상을 위험하다고 착각해 과잉 대응 하는 편이 생존에 더 유리하기 때문이다. 말하자면, 불확실한 대상에 대한 유전자의 두려움이 진화 과정에서 혐오의 감정으로 둔갑한 것이다.

우리는 뱀이나 쥐, 거미, 말벌, 바퀴벌레 따위를 보면 본능적으로 강한 기피 반응을 보이는데, 이는 과거에 이들이 독이나 병원균을 통해 생존에 치명적인 위협을 가했기 때문이다. 비슷한 이유로, 타인의 침이나 대소변과 같은 분비물 혹은 배설물도 본능적인 기피 대상이 되었다. 그리고 이러한 기피성 혐오는 사람으로까지 쉽게 확장된다.

오늘날처럼 낯선 사람과 끊임없이 마주치는 익명 사회와는 달리, 인류 역사 대부분의 기간 인간은 소규모 혈연 집단이나 지역 공동체 안에서만 살아왔다. 그 밖의 이방인은 병을 옮길 가능성이 있는 미지의 존재였고, 그들을 마주했을 때 가장 안전한 전략은 무조건적인 기피였다. 상대의 위험성이 불확실할 때, 그를 기피하는 쪽이 생존 가능성이 높았기 때문이다. 행동실험의 결과도 타 인종에 대한 기피 현상이 질병을 피하기 위한 진화적 기제라는 이론을 뒷받침한다.[103]

이렇게 진화한 심리적, 행동적 기제를 '행동면역계 behavioral immune system'라고 한다.[104] 즉, 행동면역계는 병원균의 가능성을 알리는 지각 신호에 반응해, 혐오와 같은 심리 반응이나 회피와 같은 행동 방식을 유도한다. 개체를 보호하는 선제적인 대응 전략인 것이다. 최근에는 행동면역계가 단순한 심리 기제를 넘어서 분자와 세포 수준에서 작동하는 생리학적 면역 반응과 연결된다는 보고들도 나오기 시작했다.[105]

이러한 관점에서 행동면역계는 개체의 생존을 지키기 위한 정당한 방어기제인 것 같지만, 문제는 이것이 과도하게 발휘되어 무해한 상대의 인격 내지는 생명까지도 해칠 수 있다는 점이다. 혐오는 광범위한 감정으로서, 오염이나 불결함을 떠올리게 하는 것이라면 물건이든 사람이든 대상을 가리지 않고 동일하게 작동한다.[106] 누군가를 혐오할 때, 사회적 인지를 담당하는 뇌 영역은 마치 물건을 대할 때처럼 비활성화된다.[107-109] 1900년대 초, 미국에서 이민자들을 "먹으면 체하는 음식", 박멸해야 할 "기생충", 말라리아를 실어 나르는 "모기떼", "암세포", "폐기물 쓰레기"와 같은 것들로 비유한 것도 이러한 맥락이다.[110]

무의식적인 차별적 태도를 정량적으로 측정하는 데는 암묵적 연합검사 implicit association test 가 사용된다.[111, 112] 이 검사는 긍정적인 의미의 단어와 부정적인 의미의 단어를 무작위로 하나씩 보여주면서 참가자로 하여금 정해진 위치로 빠르게 단어를 배치하게 한다. '기쁨', '환희', '행복', '평화' 같은 단어는 왼쪽으로, '좌절', '분쟁', '경멸', '악마' 같은 말은 오른쪽으로 놓으라는 과제를 주는 식이다. 그리고 이 과제를 수행하는 중간중간에 특정 인종이나 계층의 사람들을 대표할 만한 얼굴 사진이나 이름을 보여주면서 역시 빠르게 왼쪽이나 오른쪽으로 배치하게 한다. 동성애에 대한 차별은 화장실 문에 붙는 픽토그램 등을 이용해 이성 또는 동성이 같이 있는 모습을 움직이게 함으로써 평가한다.

흑인에 대한 편견을 가진 사람은 긍정적인 단어를 왼쪽에 놓는 과제를 수행하는 과정에서 흑인의 얼굴이 갑작스레 나타나면 그 사진을 왼쪽으로 옮기는 데 무의식중에 더 긴 시간이 소요된다. 이 시간을 측정해, 흑인의 사진을 부정적인 단어들이 놓인 오른쪽으로 옮길 때와 백인의 사진을 옮길 때의 소요 시간과 비교하면 암묵적 편견을 정량화할 수 있다. 실제로 많은 이들을 대상으로 한 결과를 보면, 인종 차별을 하지 않는다고 말한 경우에서조차 대다수가 흑인과 부정적인 단어를 무의식적으로 결부시키고 있다는 사실이 노골적으로 드러난다.[113, 114]

행동면역계가 외집단, 즉 자신과 인종이 다른 사람들에 대한 혐오로 작동한다는 것은 이해하기 어렵지 않다. 하지만 이러한 편견이 왜 백인이 아닌 흑인을 대상으로 더 강하게 작동하는지는 명확하지 않다. 심지어 흑인들조차 백인들에 대한 선호를 보이는 경향이 있다. 그들에게 분명한 외집단인데도 불구하고 말이다. 암묵적 연합검사 결과를 보면, 백인들은 흑인과 비교해 압도적으로 백인을 선호하지만, 흑인들은 백인과 흑인에 대해 별다른 차이를 보이지 않는다.[10] 앞서 흑인들이 백인보다도 흑인을 향해 더 빨리 발포하는 모의실험 결과를 소개한 바 있다.[11] 1940년대에 수행된, 이른바 "인형 실험"이라는 유명한 행동실험도 비슷한 결과를 보여준다.[115] 모든 조건이 똑같고 피부색만 다른 인형을 3세부터 7세 사이의 아프리카계 미국 아이들에게 보여주며 어느 인형이 더 예쁘고 똑똑한지, 어느 인형이 더 나쁜 아이인지 등을 물어본 것이다. 많은 흑인 아이들이 피부가 하얀 인형을 선호한다는 결과를 보여 충격을 안겼다.

한 가지 가능한 이유는 검정이 가지는 기본적인 느낌이나 인상 때문일 수 있다. 행동면역계는 자신을 감염시킬 가능성이 높은 대상에 대한 회피 행동을 유발한다. 타고난 피부색과 위생 상태는 서로 어떠한 관련도 없지만, 위생 관리가 되지 않는 경우에는 누구나 원래보다 피부가 어두워지기 쉽다. 따라서 과학적 지식과 상관없이 무의식중에 발현되는 혐오는 검은 피부를 향해 작동할 수 있다. 인종 차별과 비슷하지만 약간은 다른 의미를 지닌 색깔 차별[colorism]이라는 현상이 있다. 흑인 집단 안에서도 더 밝은 피부색이 선호되는 것이다.[116] 어떤 이들은 외집단에 대한 인종 차별과 피부색에 따른 색깔 차별을 모두 겪는 것이다.

성소수자에 대한 차별에서도 유사한 현상이 나타난다.[117, 118] 전 세계 여러 나라에서 공통적으로 레즈비언에 비해 게이에 대한 거부감이 더 강하게 나타나는데,[119] 이는 게이 남성들의 항문 성교가 비위생적이라는 관념과 이것이 후천성 면역결핍증을 발생시키는 주된 원인이라는 오해 때문이라고 추정된다.[120-122] 이러한 관념이나 지식이 인류의 조상들에게는 없었을 것이다. 이런 점을 보면 혐오는 진화를 통해 습득된 생물학적 반응이지만, 현대인들은 문화적 요소들에도 영향을 받는다는 것을 알 수 있다.

원인을 불문하고, 정치적 보수 성향이 다른 집단에 대한 배타적인 태도와 연관된다는 것은 여러 연구 결과로 드러나 있다.[10,123-125] 외교에 대한 보수의 입장이 자국 우선주의와 배타적 민족주의로 나타나는 이유도 여기서 찾을 수 있다.[126, 127] 또한 2만 5,000여 명의 미국인과 121개국의

5,000여 명을 대상으로 한 대규모 연구 결과에서는 혐오 자극에 민감하게 반응할수록 보수 정당의 후보에게 투표할 가능성이 높다는 사실이 밝혀졌다.[128] 보수가 부정적인 자극에 더 강한 생리적 반응을 보이며 더 많은 심리적 자원을 할애하는 특성을 지니기 때문인 것으로 보인다.[129]

백신 위험도에 대한 보수의 선입견도 같은 맥락에서 이해할 수 있다. 미지의 대상을 무조건 위험하다고 보고 과잉 경계 하는 진화적 습성이 강하면, 특정 방향의 좁은 확률 분포로 사전 믿음이 구축되고, 따라서 기존 신념을 고수하는 보수적 베이지언 사고방식에 의해 지배된다. 특히 백신은 피부를 통해 몸 안에 주입된다는 점에서 병을 옮길 만한 동물, 배설물, 낯선 사람 등과의 접촉을 피하게 만들었던 행동면역계를 자극할 가능성이 높다.

보수적 베이지언이 왜곡될 때 음모론에 빠지기도 쉬워진다. 백신이 위험하다는 신념에 매몰되어 있는 사람들은 백신 정책을 시행하는 정부와 백신을 개발한 과학자 집단에 대한 반감을 가지고 더 나아가 의심을 품게 된다. 앞서 설명했듯, 우익 권위주의는 새로운 기술을 위험한 것으로 간주하며 과학에 대해 불신과 부정적인 태도를 보인다. 보수 성향의 사람들은 왜곡된 사전 믿음으로 인해 음모론에 빠지기 쉬운데, 특히 백신을 비롯해 코로나19 발생, 기후변화, 달 착륙과 같은 과학 관련 이슈들이 흔히 음모론의 대상이 된다.

위험에 대한 공포 반응을 주관하는 것은 편도체^{amygdala}라는 뇌 기관이다. 우리의 감각기관으로 전달되는 모든 정보는 편도체로 전달되고, 그곳에서 위험하다는 판단이 내려지면 신경전달물질인 노르에피네프린과 호르몬인 아드레날린이 분비된다. 이러한 분비로 교감신경계^{sympathetic nervous system}가 활성화되어 일으키는 것이 바로 싸움-도주 반응^{fight-or-flight response}이다. 생리학적인 수준에서 싸우거나 도망갈 준비를 취하는 것이다.[130, 131]

죽음의 공포와 위협에 대처하기 위해 진화한 전략이지만, 현대인들은 각종 스트레스 상황에서 동일한 생리적 현상을 겪는다. 예컨대 청중 앞에서 공연하거나 발표할 때, 중요한 면접이나 시험을 앞두고 있을 때, 스릴러 영화를 볼 때, 도로 위에서 갑자기 차가 달려올 때, 고소공포증을 느끼거나 언쟁 상황에 맞닥뜨릴 때도 우리 뇌는 마치 공포나 위협을 느낄 때처럼 작동한다.

정치 성향에 따른 교감신경과 편도체의 활성화 차이에 관한 연구들도 이루어졌다. 먼저 《사이언스》 연구에서는 갑작스러운 소음이나 위협적인 시각 자극이 주어졌을 때 보수적 입장을 보이는 이들에게서 교감신경의 활성이 더욱 강하게 나타났다.[132] 이어서 MRI를 이용한 연구들에서는 보수적 성향이 강할수록 편도체의 부피가 더 클 뿐만 아니라 기능적 활성도 더 높다는 것을 알아냈다.[133, 134] 또한 기능성 MRI를 활용하면 뇌 부위들 간의 기능적 연결성functional connectivity을 측정할 수 있는데, 이러한 연결성을 인공지능으로 분석하면 사람의 정치 성향을 정확하게 추정할 수 있다.[135] 이러한 예측에서도 역시 편도체의 연결성이 가장 중요한 역할을 한다.

보수 성향을 직접 측정하는 대신, 보수를 특징짓는 심리 기제들을 사용하는 것도 가능하다. 결론적으로 이런 연구들에서도 유사한 양상이 발견된다. 이를테면 조스트가 참여한 《네이처 인간행동》 논문을 보면, 체제 정당화를 잘 받아들일수록 MRI 분석에서 편도체가 더 크다는 것이 관찰되었다.[136] 최근 다른 연구에서는 위협에 반응하는 심리 기제인 우익 권위주의가 강한 이들이 편도체 부피가 일반적으로 더 크다는 것이 보고되었다.[137]

앞서 휴리스틱을 다루면서 우리 인간이 지닌 자연 지능을 고찰할 필요성을 지적했다. 휴리스틱은 사물에 대한 개인적인 판단 도구를 넘어서 사회적 관계 안에서 사람들을 대상으로도 작동하기에, 경제 체제를 비롯한 사회 구조 전반에도 영향을 미칠 수 있다. 그런데 베이지언 뇌에 내장된 사전 믿음의 편향성은 혐오와 차별이라는 형태로 보다 직접적으로 다른 이들의 인격을 해치며, 때로는 생명까지 위협한다. 이는 인공지능의 잠재적인 위험성보다 더 시급하게 다루어야 할 자연 지능의 현실적인 위험성이다.

물론 인공지능도 편견을 가질 수 있다는 점은 널리 알려져 있다. 인공지능이 학습하는 사람들의 데이터 자체가 편향되어 있기 때문이다. 하지만 이러한 문제는 학습 데이터나 알고리즘을 수정함으로써 해소할 수 있다. 반면 자연 지능에 깊이 각인되어 있는 편향은 단순히 계몽이나 교육으로 제거할 수 없는 고질적인 본성이다. 오히려 사회적 판단이나 정책 수립 과정에서 인공지능이 자연 지능을 보완하는 역할을 수행해야 할지도 모른다.

진보적인 뇌 영역: 전대상피질과 뇌섬엽

한편, 앞서 소개한 여러 뇌 영상 연구들에서 발견된 한 가지 흥미로운 점은 전대상피질 anterior cingulate cortex 과 뇌섬엽 insula cortex 이라는 뇌 부위의 역할이다. 먼저 강한 보수 성향이 더 큰 편도체로 나타났다면, 더 강한 진호 성향은 더 큰 전대상피질의 부피로 나타났다.[133] 또한 보수에게서 편도체가 활성화되는 행동실험 상황에서 진보 성향의 사람들은 뇌섬엽이 더 많이 활성화되었다.[134] 사회 지배 지향성이 높을수록 뇌섬엽의 크기는 더 작다는 것도 드러났다.[137] 뇌 부위들 간의 기능적 연결성 측면에서는 진보주의자들이 전대상피질과 뇌섬엽 간의 높은 연결성을 보였다.[138, 139]

전대상피질과 뇌섬엽의 놀라운 역할은 《사이언스》와 《네이처》 등에 여러 편의 연구로 보고된 바 있다.[140-144] 전두엽 깊숙한 곳에 위치한 전대상피질은 상충되는 정보나 반응 간의 갈등을 탐지하고 조절하는 데 핵심적인 역할을 한다.[141] 한편 측두엽과 전두엽 사이 깊숙한 곳에 섬처럼 숨어 있는 뇌섬엽은 타인의 고통을 인식하고 그에 공감하는 능력과 밀접한 관련이 있는데, 전대상피질도 유사한 작용을 하는 것으로 보인다.[142, 143]

이러한 전대상피질과 뇌섬엽의 기능은 경제적 의사 결정, 예컨대 자원을 분배하는 상황에서도 나타난다. 이에 관한 대표적인 실험이 최후통첩 게임$^{ultimatum\ game}$이다. 여기서 참가자들은 다른 사람으로부터 받은 제안이 불공정하다고 느낄 경우 그 제안을 거절한다.[140] 그 제안을 받아들이는 것이 본인에게 금전적으로 더 이득일지라도 말이다. 이렇게 불공정한 제안을 받을 때 기능성 MRI로 참가자의 뇌를 촬영해 보면, 전대상피질과 뇌섬엽이 활성화된다는 것을 알 수 있다. 이는 공정성에 대한 의식이 단순히 손익 계산으로 이루어지는 것이 아니라 신경생물학적 기반을 가진 정서적 반응임을 시사한다.[144]

특히 뇌섬엽의 크기가 우익 권위주의가 아닌 사회 지배

지향성과 연관성을 보인 점은 특기할 만하다.[137] 또 다른 연구에서는 다른 사람의 고통을 사진으로 볼 때 전대상피질과 뇌섬엽의 활성을 측정했는데, 사회 지배 지향성이 높을수록 그 활성이 약하게 나타났다.[145] 지난 장에서 설명한 바와 같이, 사회 지배 지향성은 경제적 분배에 대한 태도를 중심으로 형성된다는 점에서 우익 권위주의와 차이가 있다. 분배의 공정성에 반응하는 전대상피질과 뇌섬엽의 활성이 사회 지배 지향성과 특이적으로 연관성을 보인다는 것은 그런 점에서 흥미롭다.

전대상피질과 뇌섬엽의 역할과 정치 성향과의 연관성도 연구되어 있다. 《네이처 신경과학》에 발표된 뇌파 연구에서는 갈등 상황에서 보수에 비해 진보의 전대상피질이 더욱 강하게 반응한다는 것이 관찰된 바 있다.[146] 기능성 MRI를 사용한 최근의 다른 연구에서는, 진보적 성향이 강할수록 각 정당을 대표하는 후보자가 해당 정당의 입장과 모순되는 정책을 이야기할 때 전대상피질과 뇌섬엽의 활성이 높아지는 것이 관찰되었다.[147] 특히 같은 진영의 정당 후보자가 오류를 보일 때 더 민감한 반응을 보였다.

쉽게 말해, 이 뇌 기관들은 '무엇인가 잘못되었다'는 것을 감지하고 알려주는 역할을 한다. 상충하는 정보, 기대를 저버리는 불공정, 사회적 부조리와 고통 등을 모두 오류로 인지하는 것이다. 이러한 갈등을 회피하는 것은 손쉬운 선택이다. 실제로 일부 보수 성향의 정치인들이 윤리적 과오에 대해 양심 없이 뻔뻔한 태도를 보이는 것은 이러한 뇌 신경 기제가 둔감해져 있기 때문일 것이다. 반면, 일부 진보 성향의 정치인들이 자신의 도덕적 신념과 배치되는 행동을 인지했을 때, 공적 책임을 감수하거나 때로는 극단적인 선택까지 감행하는 사례는 이 시스템이 민감하게 작동하고 있음을 시사한다.

이런 맥락에서, 종교적 신념이 갈등 탐지 기능을 약화시킨다는 사실도 주목해야 한다. 의식적으로든 무의식적으로든 종교적 개념에 노출된 신앙인들의 뇌에서는 전대상피질에서 발생하는 오류 반응이 약화된다.[148] 즉, 종교적 신념이 오류에 대한 불안 반응을 완충시킴으로써 갈등을 회피하거나 외면하게 한다고 볼 수 있다. 우리가 종교의 성인들을 우러러보는 이유는 인간 세상의 부조리와 고통을 깨닫고 그것을 초월하는 해탈의 길을 제시하거나, 심지어는 죽음을 감수하고 그에 맞서 투쟁했기 때문이다. 그러나 오히려 현대 종교의 교리는 신앙인들의 종교성만을 자극하며 세상의 아픔을 회피하거나 정당화하게 하는 심리적 방어기제로 작동하고 있다. 종교가 점점 사회적 영향력을 잃어버리고 있는 이유 중 하나다.

이로써 지난 장에서 제기한 질문, 즉 사회 지배 지향성과 우익 권위주의와 같은 보수의 심리 기제가 집단이 아닌 개체의 진화와 어떤 관련이 있는지를 뇌과학적인 연구들을 통해 알아보았다. 내재성 편향을 비롯한 휴리스틱, 사전 신념을 고수하는 보수적 베이지언, 편도체의 기능과 같은 심리학적, 뇌과학적 개념들이 번식을 위한 신호의 발신과 수신, 생존을 위한 혐오, 교감신경, 행동면역계의 발현과 같은 진화론적 개념과 연결된다는 것을 살펴보았다. 이러한 진화적 결과물로서 보수의 성향, 즉 능력주의에 따른 분배 질서를 옹호하며, 내집단과 백인과 이성애자에 비해 외집단과 흑인과 성소수자를 혐오하고 차별하는 본능을 설명할 수 있다.

그런데 진화를 이야기할 때 빠뜨릴 수 없는 진화의 매개체가 바로 유전자다. 아무리 유리한 형질이라도 그것이 유전자로 다음 세대에 전달되지 않으면 진화는 작동하지 않는다. 진화란 우연히 발생한 여러 유전자형들 가운데 생존과 번식에 유리한 것만이 자손에게 유전되어 집단 내에서 퍼져 나가고 그렇지 못한 것은 사라져 가는 자연선택 과정이기 때문이다.

예를 들어, 위험을 회피하고 생존 가능성을 높이는 뇌 기능들이 유전자와 상관없이 후천적으로만 주어진다면 어떤 일이 생길까. 그러면 매 세대마다 성공적인 개체들과 그렇지 않은 개체들이 무작위적으로 발생할 것이고, 어느 시점에서 성공적인 개체들이 하나도 나오지 않을 경우 그 집단은 전멸할 것이다. 값비싼 신호를 주고받는 기능이 발달한 이유 역시 자신의 유전자를 훌륭한 유전자와 조합해 퍼뜨리고자 하는 경향 때문이다. 그러므로 다음 장에서는 지금까지 살펴본 보수의 심리학적, 뇌과학적 성향들이 어떻게 유전자의 작용으로 설명되는지를 살펴볼 것이다.

2장 보수의 뇌

❝ 보수의 뇌에서 휴리스틱이 많이 사용되는 이유는 불확실한 상태를 견디지 못해 깊이 생각하지 않고 빨리 결론에 도달하고자 하는 인지적 '종결 욕구' 때문이다. ❞

❝ 의식적으로 통제되지 않는 인간의 휴리스틱 본능은 왜곡된 능력 과시마저 정직한 신호로 착각해 받아들이게 한다. 이처럼 값비싼 신호가 교란된 상태의 최대 수혜자는 바로 기득권층이다. ❞

❝ 기존 신념을 고수하는 보수적 베이지언 뇌는 불확실한 대상을 무조건 과잉 경계 하는 진화적 습성에서 비롯한다. 이러한 편향성이 끼치는 폐해는 인공지능의 문제보다 더 시급하게 다루어야 할 '자연 지능'의 현실적인 위험이다. ❞

3장

보수의 유전자
대대로 성공할 수 있었던 비결들

"유전자가 모든 것을 결정한다." 이는 맞는 말이기도 하고 틀린 말이기도 하다. 우리의 모든 것에 유전자가 영향을 미친다는 것을 뜻한다면 전적으로 맞는 말이다. 인간이 유전자의 법칙에 따라 움직이는 유전자의 산물이라는 것은 부정할 수 없는 생물학적 사실이다.

인간의 사고나 행동이 지닌 복잡성에 무게를 두는 사람들, 인간의 인지 능력을 대단한 것인 양 생각하는 사람들은 유전자의 힘을 과소평가하는 경향이 있다. '물질'에 불과한 유전자가 자신들의 '고차원적인' 가치관과 행동 양식을 좌지우지한다는 것을 받아들이지 못한다. 세포 안에서 만들어지는 단백질 덩어리가 어떻게 우리로 하여금 이 정책은 지지하고 저 정책에는 반대하며, 이 정당의 후보가 아닌 저 정당의 후보에게 투표하게끔 만드는지 이해할 수 없다는 것이다. 그러나 어떤 현상을 이해하지 못할 때 그것이 말해주는 사실은 하나뿐이다. 바로 지식과 상상력의 부족이다.

먼저 방대한 통계적 증거가 있다. 수천 명에서 수십만 명에 달하는 사람들을 모집하고 이들의 유전체를 검사해보면, 우리가 관심 있는 형질과 연관성을 보이는 유전자들이 도출된다. 이런 방식으로 지금까지 5,000가지가 넘는 인간 형질에 대한 연구가 이루어졌다.[149] 몸에 일어나는 각종 질병뿐 아니라, 조현병, 자폐, ADHD, 치매를 비롯한 여러 신경정신질환, 사회성, 성격이나 성향, 다양한 인지 기능과 행동 방식 등에 영향을 미치는 유전자들이 발굴되었다. 유전자의 작동 메커니즘을 정확히 알 수 없는 경우도 많다. 하지만 다시 한번, 우리가 어떤 현상을 이해하지 못한다고 그것이 존재하지 않는 것은 아니다.

일반적으로는 통계적 연관성이 인과관계를 말해주지는 않는다. 예컨대 조스트는 체제 정당화 성향과 편도체 크기 간의 연관성을 언급하며 인과관계의 모호함을 지적했다.[7, 136] 뇌 구조나 활동의 차이가 체제 정당화 성향이 약한 사람과 강한 사람 간에 이념 차이를 유발할 수도 있지만, 반대로 특정한 이념적 입장을 취하는 것이 뇌 활성에 영향을 미칠 수도 있기 때문이라는 것이다. 조스트는 이를 두고 정치신경과학 분야의 "닭이 먼저냐, 달걀이 먼저냐" 하는 문제라고 지적한 바 있다.[150]

그러나 유전학은 그렇지 않다. 유전학에서는 연관성이 인과관계로 해석된다. 유전자는 우리가 날 때부터 그곳에 있었다. 우리가 하나의 수정란이었을 때부터 성인으로 자라날 때까지 모든 발달 단계에 관여하며 그곳에 있었다. 후천적인 요소들이 개입할 때조차 그것은 유전자에 의해 매개된다. 그래서 동일한 환경의 자극도 유전자형에 따라 다른 결과를 낳는 것이다. 게다가 이러한 인과관계는 실험으로도 검증된다. 즉, 세포나 실험동물에 특정 유전자형을 인위적으로 삽입해 예상되는 표현형^{phenotype}이 나타나는

지를 관찰함으로써 인과관계를 확인할 수 있다.

사실 이러한 연구는 너무나 많이 이루어져서 특정 사례를 꼽기가 어려울 정도다. 2025년, 우리 연구실에서도 같은 방식으로 인간 행동 연구를 수행해 발표한 바 있다.[151] 먼저 자기 자신뿐 아니라 형제나 자매도 자폐 스펙트럼 장애를 겪고 있는 아동 2,000여 명을 대상으로 유전체 데이터를 수집했다. 이에 대한 대조군으로는 일반인 1만 8,000여 명의 유전체 데이터를 사용했다. 이렇게 확보된 유전체 정보를 분석해, 일반인에게는 거의 존재하지 않는 유전자형이 자폐 형제자매 간에는 공유되고 있는 경우들을 발굴해 냈다.

이들 가운데 진화적으로 가장 유의미하게 나온 유전자를 살펴보니, 학습과 기억에서 중요한 역할을 담당하는 AMPA 수용체의 구성 요소임이 드러났다. 그런데 해당 유전자형을 지닌 한 자폐 가족의 아이들에게 바인랜드 적응 행동 척도Vineland Adaptive Behavior Scales 검사를 수행하게 해보자, 사회성 영역에서 특히나 낮은 점수를 보였다.[152]

다음은 인과관계를 실험으로 검증할 차례다. 먼저 인간

의 뇌세포에 이 가족이 지닌 유전자형을 도입하자 해당 유전자의 활성이 떨어지는 것이 관찰되었다. 그러나 세포 실험만으로는 사회성이라는 형질에 어떤 영향을 미치는지 알 수 없다. 이럴 때 유용한 것이 동물실험이다. 실험용 쥐에서 해당 유전자를 망가뜨린 다음 여러 가지 행동실험을 수행해 보니, 다른 기억력에서는 차이를 보이지 않는 한편 유독 사회적 기억력이 약화된 것이 관찰되었다. 즉, 이전에 만나본 개체인지 아닌지를 분별하는 능력이 떨어진 것이다. 다음번에는 유전자를 망가뜨리는 대신 쥐가 지닌 해당 유전자를 사람의 것으로 교체해 보았다. 그러자 놀랍게도, 쥐들은 향상된 사회적 기억력을 보였다.

타고나는 사회적 기억력은 발달 과정에서 사회성 전반에 영향을 미친다. 다시 말해, 우리 인간이 사회를 구성하는 데 필수적인 기능이다. 그러나 앞의 연구 결과는 이러한 '고차원적인' 형질조차 특정 유전자 하나의 활성에 따라 좌우되며, 심한 경우에는 그에 따라 장애가 나타날 수 있음을 보여준다. 이와 비슷한 사례는 행동유전학이나 정신의학 분야에 수두룩하다. 유전자가 인간의 행동과 괴리된, 저 깊이 어딘가에 있다는 믿음은 그저 착각일 뿐이다.

인간의 행동과 같은 어떤 형질들이 복잡해 보이는 이유는 유전자로부터 그 형질까지의 경로가 길고 복잡하기 때문이 아니다. 그런 방식으로는 생명체가 유전자의 조절하에 제대로 작동할 수 없고, 자연선택에 의한 진화도 작동할 수 없었을 것이다. 실험실에서 특정한 유전자형을 도입해 형질의 변화를 관찰할 수 있는 것처럼, 자연적으로 생기는 유전자형도 형질에 곧바로 영향을 미칠 수 있기에 자연선택이 가능한 것이다.

오히려 형질의 복잡성은 여러 유전자들이 병렬적으로 함께 작용하기에 나타난다. 복잡한 형질일수록, 혹은 더 많은 유전자가 관여할수록 개별 유전자의 영향력은 작을 수밖에 없다. 그럼에도 그 개별적인 영향력은 사라지지 않는다. 이것이 환원주의적 접근이 가능한 이유다. 환원주의는 결정론과는 다른 개념이다. 모든 자연 현상은 개별 요소들로 환원할 수 있기에 자연과학은 환원주의를 기반으로 이루어진다. 환원되지 않는 창발 현상에서도 개별 요소들의 영향력이 존재한다. 다른 유전자형을 지닌 사람들이 같은 환경 조건에서도 분명한 표현형의 차이를 보이는 이유다.

성공적인 생존, 번식 유전자들

그렇다면 복잡해 보이는 인간의 정치성도 유전자들의 작용으로 설명할 수 있을까. 이에 관한 연구는 수십 년간 이루어져 왔다.[153, 154] 이를테면 일란성 쌍둥이와 이란성 쌍둥이 등록부를 활용해 정치 참여, 즉 투표에 나서는 행동에 유전학이 중요하게 작용한다는 것을 밝힌 연구가 있다.[155] 최근 《네이처 인간행동》에는 교육 수준과 지능이 투표 참여율과 유전학적으로 연결되어 있다는 보고가 실리기도 했다.[156]

당연하게도 보수와 진보라는 정치 성향을 두고도 다방면의 조사가 이루어졌다. 1974년 《네이처》에 발표된 연구를 시작으로, 쌍둥이나 가계도를 활용한 여러 연구가 줄지어 발표되었다.[157-162] 결론적으로, 유전자는 정치 성향을 최대 65퍼센트까지 설명하는 것으로 파악되었다. 쌍둥이 연구는 우익 권위주의 성향 역시 유전학의 영향을 받는다는 것과,[163] 동일한 유전학적 요인들이 사회 지배 지향성을 함께 설명한다는 것도 밝혀냈다.[32-34] 사회 지배 지향성 중 경제적 평등에 관한 신념의 개인차 또한 대부분이 유전자로 설명되는데, 여기서 환경의 역할은 미미한 것으로 드러난다.[164] 더 나아가, 보수적 성향은 휴리스틱과 인지적 종결 욕구와 같은 뇌신경 메커니즘과도 유전학적으로 연결되어 있는 것으로 나타났다.[165] 보수의 유전자를 타고난 사람들은 선천적으로 인지적 종결 욕구와 휴리스틱 의존성이 높다는 것이다.

그러나 보통 쌍둥이나 가계도를 활용해 유전력을 계산하는 이러한 방식은 전체 유전자가 어떤 형질의 변량을 얼마나 설명할 수 있는지를 말해줄 뿐, 구체적으로 어떤 유전자가 작용하는지는 설명하지 못한다. 그러한 유전자를 발굴하려면 유전체 전체를 조사해야 하는데, 이는 적잖은 비용이 든다. 의학과 같이 연구비 투자가 활발히 이루어지는 분야가 아니라면 수행하기 쉽지 않은 접근법이다. 그래서 연구자들은 정치 성향에 영향을 줄 만한 후보 유전자들을 먼저 조사하기 시작했다.

캘리포니아대학교 샌디에이고[UCSD] 연구진이 취한 것이 바로 이런 방식이었다. 이들이 선택한 첫 번째 후보 유전자는 모노아민 산화효소였다. 모노아민 산화효소는 모노아민 계열의 신경전달물질을 분해한다. 특히, 모노아민 산화효소 A$^{\text{monoamine oxidase A, MAOA}}$는 '전사 유전자$^{\text{warrior gene}}$'라고도 불릴 만큼 인간의 공격성과 밀접한 관련이 있다.[166] MAOA 활성이 낮은 유전자형을 가진 사람들은 높은 공격성과 반사회적인 성향을 보이는데,[167-175] 실험용 쥐의 경우에도 MAOA의 활성을 낮추면 공격성이 증가함을 관찰할 수 있다.[176, 177] 그런데 흥미롭게도, UCSD 연구진은 이러한 MAOA 유전자형에 따라 투표 참여율도 다르다는 것을 관찰했다.[178]

UCSD 연구진이 선정한 또 다른 유전자들은 세로토닌^{serotonin}과 도파민^{dopamine}과 관련 있는 것들이었다. 신경전달물질인 세로토닌과 도파민 자체는 유전자가 아닌 생화학적 분자, 즉 유기 화합물이다. 그러나 이들이 유전자의 산물임은 마찬가지다. 이들의 합성과 분해가 모두 유전자들이 만들어 낸 효소들에 의해 매개되기 때문이다. 앞서 언급한 모노아민 산화효소 역시 그중 하나다. 효소들이 세로토닌과 도파민의 생성에 관여한다면, 수용체와 전달체는 이들의 작용에 관여한다.

UCSD 연구진이 조사한 것도 세로토닌 전달체인 5-HTT와 도파민 수용체 중 하나인 DRD2 유전자였다. 5-HTT에는 두 가지 유전자형이 있는데 하나는 세로토닌 활성을 강화하고 다른 유전자형은 약화시킨다. 결과적으로, 세로토닌 활성을 약화시키는 유전자형을 지닌 경우가 투표 참여율이 더 높게 나타났다.[178] 또한 특정 유전자형의 DRD2를 가진 이들에게서 특정 당을 지지한다고 답하는 비율이 더 높게 나타났다. 다시 말해, 더 짙은 당파성을 보였다.[179]

정치 성향 유전자를 유전체 전체에 걸쳐 탐색해 보면 새로운 유전자들이 발굴된다.[180] 여기에는 세로토닌 회로와 관련한 2개의 세로토닌 수용체, HTR1E와 HTR1B가 포함된다. 이들은 세로토닌 전달체인 5-HTT와 함께 작용하며 세로토닌의 활성을 조절한다. 도파민 회로와 관련한 유전자도 발굴되었다. DBH라는 유전자로서, 이것은 도파민을 교감신경계에서 분비되는 노르에피네프린으로 전환

함으로써 도파민의 농도를 떨어뜨릴 수 있다.

세로토닌은 유전자 차원에서 편도체와의 연관성이 밝혀져 있다. 첫 보고는 미국 국립보건원에서 발표한 《사이언스》 논문이었다.[181] 세로토닌 활성을 강화하는 5-HTT 유전자형을 가진 이들이 편도체에서 더 강한 불안 혹은 공포 반응을 보인다는 내용이었다. 이후에는 편도체의 구조적인 크기뿐 아니라 편도체와 대상피질 사이의 신경회로에도 5-HTT 유전자형이 작용한다는 보고들이 뒤따랐다.[182, 183]

세로토닌은 위계에 따른 사회적 행동을 매개한다는 점에서 사회 지배 지향성과 관련이 깊다. 예를 들어, 지배 계급의 원숭이를 낮은 서열의 원숭이들에게서 분리해 두면 세로토닌 농도가 낮아지고 원래의 자리로 복귀시키면 세로토닌 수치가 다시 증가함을 볼 수 있다.[184] 또한 낮은 서열의 원숭이가 높은 계급으로 올라가는 경우에도 세로토닌 수치가 올라간다. 세로토닌 농도를 약물로 인위적으로 높이거나 낮추어도 그에 따라 지배적 행동도 증가하거나 감소함을 관찰할 수 있다.[185] 사회적 서열이 높은 수컷 원숭이들이 세로토닌을 분비하는 솔기핵이 더 크다는 보고가 있으며,[186] 사람의 경우에도 세로토닌의 전구체를 식사와 함께 복용하는 것만으로도 지배적 행동 양상이 증가함이 관찰된다.[187]

세로토닌이 편도체와 관련 있기에, 편도체 역시 위계적 행동에 관여한다. 일례로 사회적 서열을 학습하고 높은 서열을 획득하려는 동기가 부여되는 행동실험 상황에서 편도체가 핵심적인 기능을 한다.[188-190] 편도체가 사회적 서열의 인지와 추론에 관여하는 반면, 비사회적 계층 정보의 처리에는 관여하지 않는다는 보고도 있다.[191]

반대로 세로토닌 역시 편도체의 교감신경과 연관된다. 즉, 세로토닌은 사회 지배 지향성뿐 아니라 우익 권위주의에도 작용할 수 있다. 교감신경은 위협의 수준에 따라 행동을 달리하게 만든다. 예를 들어, 쥐는 빠르게 날아드는 매를 보면 도망가야 하지만 매가 하늘을 유유히 날고 있을 때는 몸을 움츠린 채 가만히 있어야 한다.《사이언스》에 발표된 쥐 실험에 따르면, 위협 수준에 따라 움직임을 억제할 것인지 도망갈 것인지를 조절하는 것이 바로 솔기핵의 세로토닌 뉴런이다.[192] 《네이처》에 발표된 또 다른 쥐 실험에서도, 세로토닌이 '확장된 편도체'라는 부위에서 불안과 공포 반응을 촉진하는 신경회로를 작동시킨다는 것이 밝혀졌다.[193]

즉, 상대가 얼마나 위협적인지를 판단하는 일과 상대와 자신의 서열을 결정하는 일은 모두 세로토닌, 편도체, 교감신경의 공동 작용으로 이루어지는 동일한 맥락의 작용이다. 이 회로 체계가 발달한 개체는 싸움-도주 상황에서 자신이 더 강하다고 판단되면 싸움 반응을, 상대가 더 강해 보이면 도주하거나 얼어붙는 반응을 보일 것이다. 인간 사회에서 이 회로 체계가 발달한 사람들은 자신이 우위에 있을 때는 지배적인 행동을, 열세에 있을 때는 굴종적인 행동을 할 것이다.

이처럼 세로토닌 회로에서 전달체의 유전자형에 대한 연구가 많았다면, 도파민 회로에서는 수용체 유전자형에 대한 연구가 많이 이루어졌다. 수용체가 도파민을 잘 감지하면 같은 양의 도파민에도 마치 도파민이 더 많이 분비되는 것처럼 그 활성이 증가한다. 특히 도파민 수용체 DRD4

가운데 7R이라는 유전자형이 바로 이러한 메커니즘을 기반으로 새로운 것을 탐색하는 경향을 증가시킨다. 《네이처 유전학》에 발표된 이에 관한 두 편의 논문은 큰 주목을 받았고,[194, 195] 이후 한국인을 비롯한 여러 코호트cohort에서도 반복적으로 검증되었다.[196-203] 다른 도파민 수용체인 DRD2에서도 비슷한 경향이 나타났다.[202, 203] 새로운 것에 대한 개방성은 사회심리학에서 정치적 진보주의와 관련 있음이 알려져 있는데, 실제로도 DRD4의 7R 유전자형을 가진 경우가 진보 성향을 가질 가능성이 더 높다.[204]

이렇게 신경전달물질과 직접적으로 연관된 것들 외에 다른 종류의 유전자들도 유전체 탐색을 통해 발굴되었다. 그중 가장 주목할 만한 것이 다양한 리포칼린lipocalin과 후각수용체olfactory receptor다.[180] 리포칼린은 몸에서 배출되는 화학 신호인 페로몬pheromone 그 자체로서 작용하거나 페로몬과 결합되어 작용하며, 후각수용체는 다른 개체에서 방출된 페로몬을 인식하는 역할을 한다.[205]

페로몬은 짝짓기 상황에서 상대를 구별하는 데 중요한 신호로 작용한다. 예를 들어, 세간에도 잘 알려진 한 실험에서는 여성들이 티셔츠에 밴 남성의 체취만으로 자신과 페로몬 유전자형이 다른 상대를 선별할 수 있음이 밝혀졌다.[206] 이와 반대로 자신과 동일한 페로몬 유전자형은 유전학적으로 근친인 상대를 짝짓기 대상에서 배제시키는 역할을 한다.[207] 새끼를 밴 암컷이 새로운 수컷과 함께 살게 되어 자발적으로 유산하는 이른바 브루스 효과Bruce effect 역시 페로몬에 의해 매개되는 것으로 알려져 있다.[208, 209]

페로몬이 짝짓기에서 수행하는 광범위한 역할은 여기서 그치지 않는다. 예컨대 《네이처》와 《사이언스》에 보고된 실험들에서는 쥐의 후각수용체를 망가뜨리자 쥐가 동성 쥐를 대상으로 짝짓기를 시도하거나 암컷이 수컷의 구애 행위를 하는 이상 행동이 관찰되었다.[210, 211] 한편 자기 영역에 들어오는 침입자에 대한 공격성과 같이 원래 수컷들이 보이는 경쟁 행위들은 사라진다는 것이 관찰되었다. 특히, 다른 수컷에 대한 공격 행동을 유발하는 인자가 다름 아닌 소변에 든 리포칼린이라는 결과도 보고되었다.[212]

이러한 동물실험 결과들을 인간의 성적 행동에 적용해 보자면, 리포칼린과 후각수용체는 이성애 성향을 강화하고, 이성에 대한 구애 행위나 경쟁자들에 대한 공격성과 같은 행동을 촉진할 것이라고 추론할 수 있다. 즉, 이들 유전자의 유전자형에 따라 이러한 성적 행동의 양상이 달리 나타날 것이고, 그에 따라 성관계나 출산 등의 결과도 사람에 따라 달라질 수 있다는 것이다. 세로토닌이 주관하는 사회적 위계 행동도 출산율에 영향을 미칠 수 있다. 동물의 세계에서도 지위가 높은 개체는 굳이 싸우지 않고도 번식 기회를 독차지할 수 있다.

실제로 인간의 공격성과 지배적 행동 중 일부는 성적인 행위의 일환으로 추정된다. 교육 수준이나 지역적 환경과 상관없이, 청소년기의 지위 추구 성향은 성인기의 높은 출산율과 연관성이 있다.[213] 심지어 학교 폭력도 집단 안에서 서열을 높이고 성적 매력을 과시함으로써 진화상의 이득을 추구하는 본능의 발현으로 해석된다.[214-216] 실제로 2만여 명의 아동을 추적 조사해 보자, 괴롭힘의 가해자들은 더 어릴 때 성 경험을 하고 향후 더 많은 아이를 갖는다는 불편한 진실이 드러났다.[217] MAOA가 유발하는 일반적인 공격성이 이러한 행동을 더 강화할지도 모른다. 이러한 서열

경쟁의 양상들은 사회 지배 지향성과 관련 있다.

또한 편도체와 교감신경이 주관하는 불안 및 공포 반응도 출산율에 영향을 미칠 수 있다. 이와 관련해 특히 환경적 불안정성이 출산율을 높이는 데 기여한다는 것은 주목할 만하다. 건강 기대수명이 짧고 평균 소득 수준이 낮은 지역이 첫 출산 연령이 더 낮고 자식의 수가 더 많다.[218, 219] 그런데 주관적인 불안감도 출산 욕구에 영향을 준다. 예컨대 자연재해나 지역사회에 대한 테러를 경험한 경우, 거주지 인근에서 살인 사건이 발생한 경우와 같이 불안 및 공포 반응이 유도되는 환경에서는 임신 욕구가 증가하고 실제 출산율이 늘어난다.[220-223] 또한 단순한 심리적 조작으로 사망 위험성을 인지하게 하는 것만으로 이상적이라고 여기는 자식의 수가 많아지고 첫 출산 연령이 낮아진다.[224-226] 자신의 생존이 불확실하다고 느낄수록 번식을 통해 빨리 유전자를 남기고자 하는 욕구가 발생하는 것인데, 우익 권위주의 성향의 사람들이 그러한 경향을 더 강하게 드러낼 것이다.

실제 통계에 따르면 보수는 결혼이나 출산이라는 측면에

서 진보와 차이를 보인다. 예를 들어, 전 세계 100개국의 15만 2,400여 명, 유럽인 6만 5,900여 명, 미국인 6,200여 명을 대상으로 한 대규모 조사에서 보수 성향의 가정에서 더 많은 자녀를 낳는 것으로 확인되었다.[227] 또한 미국에서는 공화당 지지자들이 민주당 지지자들에 비해 배우자 혹은 연애 상대에 대한 헌신도가 더 높다는 것이 확인되었다.[228]

보수의 출산율이 이러한 여러 이유들 가운데 무엇으로 높아지든지 간에, 자식의 수가 많다는 것은 진화론적으로 특별한 의미를 지닌다. 개체의 적합도를 직접 측정하기 어려운 인간의 경우에는 적합도를 대신해 한 사람이 평생 가지는 자손 수로 측정되는 생애 번식 성공률 lifetime reproductive success 이 유용한 지표로 쓰이는데,[229] 이것이 특히 사망률이 낮은 현대인의 적합도에 대한 훌륭한 근사치이기 때문이다.[230, 231] 달리 말해, 전염병이나 영양 결핍으로 인한 아동 사망률이 높은 저개발 국가와 달리, 선진국에서는 자녀 수로 개체의 진화적인 적합도를 평가할 수 있다.[232]

세로토닌은 이처럼 사회적 서열의 향상을 통해 번식 성공률을 높이거나, 편도체의 불안 및 공포 반응으로 생식에 대한 욕구를 자극하고, 역시 편도체의 싸움-도주 반응으로 생존 확률을 높이는 데도 기여할 수 있다. 실제로 세로토닌의 활성을 높이는 세로토닌 전달체 5-HTT의 유전자형이 과거 진화의 역사에서 유리한 방향으로 작용했다는 유전학적인 증거가 있다.

개체의 생존과 번식에 유리한 유전자형이라면 자연선택에 의해 인구 집단 내에서 계속 퍼져나간다. 집단유전학에서는 이런 현상을 '양성 선택positive selection'이라고 하며, 그 결과로 한 종이 겪는 진화적 변화를 '적응adaptation'이라고 한다. 반대로 불리한 유전자형은 점차 사라진다.

사우스웨스턴대학교 연구진은 그동안 쌓인 인간 집단유전학 데이터를 종합해 세로토닌과 도파민 시스템과 연관된 유전자들의 자연선택 양상을 조사했다.[233] 여기에는 세로토닌 수용체와 전달체, 도파민 수용체와 전달체, 그리고 이들의 합성과 분해에 관여하는 효소들이 모두 포함되었다. 이 가운데 가장 명확한 양상을 보인 것이 다름 아닌 세로토닌 전달체 5-HTT였다. 특히, 앞서 소개한 세로토닌 활성을 강화하는 5-HTT 유전자형이 바로 그러한 양성

선택의 대상이었다.[234] 다시 말해, 세로토닌의 강한 활성이 인류의 진화에서 유리하게 작용했음이 명확하게 확인되었다는 뜻이다.

한편, 기존 연구들에서 정치성과 관련하여 직접 다루지 않았으나 빠뜨릴 수 없는 중요한 인자 중 하나가 옥시토신oxytocin이다. 옥시토신은 OXT 유전자로부터 유래한 전구체 단백질이 가공되어 형성된 9개 아미노산 길이의 짧은 펩타이드peptide다. 흔히 '사랑 호르몬' 혹은 '모성애 호르몬'이라고 불리는 옥시토신은 사회적 심리와의 연관성이 많이 알려져 있으며,[235] 보수 성향을 대표하는 뇌 구조인 편도체와 관련해서도 다수의 연구가 이루어졌다.[236]

옥시토신은 우익 권위주의가 추구하는 내집단 중심주의와 깊은 관련이 있다. 우익 권위주의는 외집단을 위협으로 간주하며 그에 맞서 내집단 구성원들의 정체성을 고취하고 협응을 강화하려는 속성을 가진다. 실제로 우익 권위주의와 내집단을 우선시하는 태도에는 같은 유전학적 요인이 함께 작용한다.[237] 옥시토신 회로에 영향을 미치는 여러 유전자들이 여기 포함되어 있을 것이다. 이러한 성향을 다른 말로 '지역적 이타주의parochial altruism'라고 표현할 수 있다. 여기서 말하는 '지역'은 물리적인 의미의 지역만이 아니라 특정한 공동체, 집단, 계층, 문화권 등을 포함한다.

사회학에서는 이를 '지역주의parochialism'라고도 표현하며 그와 반대되는 양상을 '보편주의universalism'라고 한다. 도덕적 범주moral circle의 관점에서 보편주의가 인류 전체에 적용되는 보편적인 가치, 규범, 윤리를 강조하며 다문화주의를 지지한다면, 지역주의는 특정 지역, 집단, 민족, 국가의 가치, 규범, 윤리를 우선시한다.

보수와 진보는 이 점에서 큰 차이를 보인다. 즉, 보수 성향이 높을수록 타인에 대한 보편적인 인류애보다는 자신의 가족이나 친구에 대한 사랑을 더 강하게 중시하는데, 이것이 국제 관계 맥락에서 보수의 민족주의, 진보의 국제주의 경향으로 나타난다.[238] 이러한 차이는 기부 성향에서도 드러난다. 도덕적 범주가 넓을수록 국제 기부 의향이 높게 나타나는데, 자신을 보수로 여기는 사람들은 국제 기부보다는 국내 기부에 상대적으로 더 많은 관심을 보인다.[239]

사회학에서의 지역주의 혹은 지역적 이타주의에 해당하

는 생물학적 행동이 돌봄-방어 반응tend-and-defend response이다. 이는 위협 상황에서 내집단을 돌보고, 외집단을 배타적으로 대함으로써 스스로를 방어하는 심리 반응을 말한다. 돌봄-방어 반응은 싸움-도주 반응과는 다른 상황에서 발동한다. 예컨대 새끼를 데리고 있는 암컷이 천적을 만났을 때 싸움-도주 반응이 발동하는 것은 적절하지 않다. 그보다는 내집단의 다른 암컷들과 협력해 천적에게 대항하는 돌봄-방어 반응이 더 효과적일 것이다. 이러한 행동도 집단선택이 아닌 혈연선택으로 잘 설명되는데, 동물들 그리고 원시 인간들의 내집단이 외집단에 비해 혈연적으로 서로 더 가깝기 때문이다.

옥시토신은 이러한 위협 상황에서 작용한다. 실제로 수유 중인 어미 쥐들 가운데 높은 불안 행동을 보이는 개체들은 편도체 내 옥시토신 농도가 높았고, 불안 행동을 보이지 않던 개체들에게 옥시토신을 주입하면 외부 침입자에 대한 공격성이 높아졌다.[240] 즉, 편도체 내 옥시토신은 돌봄과 방어 가운데 방어 행동을 매개하는 것으로 보인다. 야생 침팬지 역시 자연 발생적인 집단 간의 갈등 상황에서 옥시토신의 작용이 나타난다는 것이 관찰되었다.[241] 암수 침팬지의 소변 내 옥시토신 수치가 증가한 것인데, 이때 옥시토신의 상승은 경쟁 집단이 유발하는 위협 수준보다도 갈등 상황에서의 집단 내 결속력과 특히 밀접한 관련이 있었다.

'모성애 호르몬'이라고 불리는 만큼 옥시토신은 인간 여성들의 임신, 출산, 수유 과정에도 지대한 영향을 끼친다. 여성들이 임신 중 사회적 인식 및 정서 처리와 관련된 뇌 구조의 대대적인 변화를 겪는다는 것도 최근 밝혀졌다.[242, 243] 옥시토신의 영향을 사람에게서 직접 측정한 연구가 《사이언스》에 발표되기도 했다.[244] 참가자들은 옥시토신 또는 위약을 스프레이 형태로 코 안쪽에 분사한 뒤 행동실험에 임했는데, 결과적으로 옥시토신의 주입은 내집단에 대한 신뢰와 협력을 증진시키는 동시에 경쟁 집단에 대한 방어적 공격성을 증가시켰다. 연구진은 이를 옥시토신에 의한 지역적 이타주의의 발동이라고 표현했다.

한편, 옥시토신 회로의 유전학적 측면은 수용체를 통해 연구가 되었다. 옥시토신 수용체는 OXTR 유전자로부터 만들어지는데, 이것에는 크게 두 가지 유전자형, OXTR-A 와 OXTR-G가 있다. 그런데 OXTR-A를 지닌 경우, 특히 남성의 경우 편도체의 크기가 더 큰 것으로 나타났다.[245] 또한 OXTR-A를 지닌 경우 옥시토신이 분비되는 시상하부와 편도체의 구조적 연결성이 더욱 두드러지게 나타났다.

편도체가 놀람, 불안, 공포 등의 반응을 주관하므로, OXTR 유전자형이 편도체에 영향을 준다면 실제 반응에도 차이가 있을 것이라고 예측해 볼 수 있다. 실제로, 갑작스러운 큰 소리를 들었을 때 심장 박동을 측정해 보면 성별과 무관하게 OXTR-A를 지닌 이들이 더욱 강하게 반응함을 알 수 있다.[246] 스트레스 상황에서의 반응에 관한 주관적인 설문 결과에서도 같은 양상이 나타난다.

이처럼 옥시토신은 편도체를 통해 방어 반응을 유도하는 한편, 아마도 다른 경로를 통해 돌봄 반응에도 관여할 것이다. 행동실험과 설문조사로 공감 능력을 측정해 보면, 성별을 불문하고 OXTR-G가 OXTR-A에 비해 높은 공감 능력과 연관된다.[246] 타인에 대한 신뢰에서도 비슷한 양상이 나타난다. 신뢰 게임이라는 행동실험 결과를 보면,

OXTR-G가 OXTR-A에 비해 타인에 대한 높은 신뢰도를 보인다.[247]

이처럼 옥시토신 수용체의 두 가지 유전자형은 돌봄과 방어에 대해 상반된 반응을 보인다. 즉, OXTR-A가 편도체에 의한 방어 반응을 강화하는 방향으로 작동하는 반면, OXTR-G는 공감과 신뢰를 높여 돌봄 반응을 강화하는 쪽으로 작동한다. 다시 말해, 옥시토신이 돌봄과 방어를 주관하며 보수의 이타주의를 집단 이기주의로 만들 때, 옥시토신 수용체 유전자형 두 가지는 각각 내집단과 외집단에 대한 반응을 강화하는 것으로 볼 수 있다.

'다정한' 자들의 사회

그런데 세로토닌과 옥시토신을 친사회성prosociality 인자들로 보는 시각이 있다. 늑대가 개로 가축화된 것과 마찬가지로 인간도 공격성이 줄어들며 자기 가축화self-domestication 되었는데, 이 과정에서 바로 이 두 신경전달물질이 작용했다는 것이다. 듀크대학교의 브라이언 헤어Brian Hare 교수는 이를 두고 '적자생존survival of the fittest'이라는 말을 뒤틀어 '다정한 자의 생존$^{\text{survival of the friendliest}}$'이라고 표현했다.[248]

하지만 여기서 말하는 '사회성'이란 내집단에 편파적인 것이다. 사실 지역적 이타주의를 노골적으로 표현하자면, 편협한 이타주의 혹은 집단 이기주의라고 할 수 있다. 옥시토신이 발휘하는 '사랑'은 자기 자식에 대한 애착, 포괄적합도에 따른 혈연선택이 미치는 소규모 집단에 대한 관심, 외집단을 배척하는 배타적인 충성심 따위로만 나타나는 것이다. 이렇게 유전자가 만들어 내는 사랑의 도덕적 범주가 협소하다는 것은 인류 공동체에게는 하나의 장애물이다. 기후 위기, 팬데믹, 난민 수용, 국제적 불평등과 같은 문제들은 보다 보편적인 윤리와 연대 의식을 요구하기 때문이다.

게다가 세로토닌이 내집단에서 공격성을 감소시키는 것은 바로 위계적 행동을 통해서일 것이다. 세로토닌 회로 체계는 서열이 높아지면 활성을 높여 지위에 걸맞은 지배적 행동을 하고 서열이 낮아지면 활성을 낮추어 순종적인 행동을 하게끔 되어 있다. 그것이 권위와 달리 눈에 보이지 않는 권력이 사회적 위계를 설정하고 고착화하는 방식이다. 말하자면, 세로토닌으로 인해 인간은 별다른 투쟁 없이 주어진 힘과 능력에 의해 확립된 사회적 위계에 순응하게끔 진화해 왔다는 것이다. 결국 '다정한' 자들의 사회성이란 기껏해야 편협한 이타주의, 집단 이기주의, 위계에 대한 순응, 권력에 대한 굴복이며, 그들이 잃어버린 공격성은 불의에 맞서는 데 필요한 투쟁심일지 모른다.

앞서 세로토닌이 생존과 번식에 유리했기에 그 활성을 높이는 전달체 유전자형이 양성 선택을 받았음을 설명했다. 옥시토신의 진화적 이점은 집단유전학이 아닌 다른 분석 방식으로 드러났는데, 그 결과가 《사이언스》에 발표된 바 있다.[249] 열대 우림부터 눈 덮인 산악까지 다양한 서식지에 분포해 있는 여러 원숭이 종들을 조사한 결과, 추운 기후에 사는 원숭이들의 옥시토신 회로가 더 높은 활성을 보인다는 것이었다. 척박한 환경에서는 새끼를 자주 돌보는 행위가 필수적이었을 것이다. 이를 통해 세로토닌과 마찬가지로 옥시토신 역시 진화적 적응도를 높이는 방향으로 작용해 왔음을 알 수 있다.

이처럼 세로토닌, 옥시토신, 리포칼린 등을 둘러싼 유전자들의 생물학적 기능과 진화적 양상, 그리고 출산율에 대한 통계 등을 통해 보수의 성향이 생존과 번식에 유리한 방향으로 작용했을 것이라는 가설을 뇌과학뿐 아니라 유전학으로도 뒷받침할 수 있었다. 수백만 년에 걸친 인류의 진화 과정에서 대부분의 시간이 이러한 본능을 획득하고 개발하고 활용하는 데 사용되어 온 것이다.

이것이 체제 정당화 심리가 현재 사회에서 나타나는 보수의 양상을 잘 설명하는 것처럼 보이는 이유다. 인간의 사회 체제가 과거부터 현재에 이르기까지 다수의 사람들이 지니고 있는 보수적 본능에 따라 구축된 것이기 때문이다. 보수는 주어진 체제를 어쩔 수 없이 정당화하는 것이라기보다 자신들의 본능과 부합하는 체제를 당연하게 옹호하는 것이다.

진보적 유전자의 등장

한편 사우스웨스턴대학교 연구진의 조사에서 진보 성향을 설명하는 도파민 수용체는 균형 선택의 흔적을 보였다.[233] 여기서 '균형 선택balancing selection'이란 어떤 유전자형이 유리한 상황에서는 점점 많아지다가 상황이 바뀌면 반대로 다시 줄어들기도 하는 현상을 일컫는다. 탐색 행위에는 늘 위험이 따르기에 탐색 성향이 언제나 개체의 생존에 유리하게 작용하지는 않았을 것이다. 이것이 연구자들이 받아들이는 도파민 수용체의 균형 선택에 대한 일반적인 해석이다.

하지만 이와 관련해 성적 행동에 주목하는 가설도 있다. DRD4의 7R 유전자형을 가진 이들은 성적 호기심이 높고 다양한 성 행동에 관심을 보이며 성적으로 자유분방한 경향이 있다.[250, 251] 따라서 기회가 생길 때마다 관계를 가지는 방종한 전략이 유리한 상황에서는 7R이 진화적으로 유리했지만, 반대로 안정적인 관계를 유지하는 것이 유리한 환경에서는 진화적으로 불리했을 것이다.

캘리포니아대학교 어바인의 로버트 모이지스Robert Moyzis 교수와 그의 연구 팀은 이 유전자형이 양성 선택을 받았을 가능성도 있다고 본다.[252, 253] 이들은 DRD4 7R 유전자형이 인간의 진화 역사에서 아주 가까운 시기인 4~5만 년 전에 발생했고, 이후 균형 선택이나 양성 선택을 받아

온 것으로 추정한다. 그런데 후기 구석기 시대에 해당하는 이 시기는 인류가 아프리카를 나온 후 인구가 급증하는 가운데 혁신적인 제작 기술들이 등장하고 다양한 문화적 발전이 이루어진 시점이기도 하다. 다시 말해, 위험성이라는 진화적 약점에도 불구하고 후기 구석기 시대의 급속한 문화적 발전 아래에서는 7R의 성향이 이점으로 작용했을 수 있다는 것이다. 이를 확장해 보면, 과학기술과 문명의 가파른 발전으로 생존의 위협을 덜 받는 현대사회로 점차 옮겨 오면서 7R의 이점이 점점 더 부각되었을 것이라고 추론해 볼 수 있다.

이러한 환경에서는 지능의 역할도 한층 중요해졌을 것이다. 인간이 어떻게 지금과 같이 큰 두뇌를 갖게 되었는지를 역추적한 《네이처》 보고에 따르면, 뇌가 요구하는 대사 에너지의 약 90퍼센트가 자연에서 살아남기 위한 투쟁에 쓰인 것으로 추정된다.[254] 즉, 사냥이나 식량 보관 혹은 가공 등을 학습하는 데 필요한 생태학적 지능 ecological intelligence 이 생존에 필수적이었을 것이라는 말이다. 특히 문화가 발전할수록 도구를 사용하는 데 더 높은 수준의 숙

런도가 요구되고, 그에 따라 더욱 높은 지능이 요구되었을 것이다.

이러한 맥락에서 진보 성향을 대표하는 뇌 부위인 전대상피질과 뇌섬엽이 지능과 관련 있다는 사실은 주목할 만하다. 특히 이들은 과거의 경험이나 지식에 의존하지 않고 새로운 문제를 해결하는 데 필요한 사고 능력인 유동성 지능fluid intelligence에 중요한 역할을 하는 것으로 알려져 있다.[255] 유동성 지능은 선천적 요인의 영향을 많이 받으며 어린 나이에 활발하게 작동하는 반면, 그 반대 개념인 결정성 지능crystallized intelligence은 후천적 경험을 바탕으로 나이가 들수록 발달한다. 그러므로 문화의 발전으로 생겨난 새로운 생존 기술을 어릴 때부터 효과적으로 습득하기 위해 주로 요구된 것은 유동성 지능이었을 것이다.

전대상피질과 지능 간의 연관성은 유전자 수준에서도 확인된다. 수천 명의 뇌 영상과 유전체 데이터를 분석한 결과, ZIP8이라는 유전자가 전대상피질의 크기와 유의미한 관련이 있다는 사실이 《네이처》에 보고되었다.[256] 그런데 흥미로운 것은 《네이처 유전학》에서 25만 명 이상의 지능과 유전체 데이터의 분석을 통해 ZIP8을 지능과 관련된 중요한 유전자들 가운데 하나로 지목했다는 사실이다.[257] 이는 ZIP8의 특정 유전자형이 전대상피질을 활성화함으로써 지능 발달을 촉진할 수 있다는 뜻이다.

요컨대 보수적 본능이 인간 역사에서 대체로 우세하게 작용한 것과 비교해, 진보 성향을 설명하는 유전자들은 지금으로부터 머지않은 아주 가까운 시기에 이르러서야 활성화된 것으로 보인다. 문명의 발전은 생존과 번식에 대한 자연선택의 압력을 완화했고, 그 결과 보수적 본능이 약한 이들도 점차 더 많이 살아남게 되었을 것이다. 예컨대 편도체가 주관하는 교감신경, 싸움-도주 혹은 돌봄-방어 반응, 행동면역계 등의 작동이 약한 이들도 살인과 전쟁이 줄어든 사회에서, 그리고 감염 질환을 치료하는 의학이 발전한 상황에서 더 높은 수준의 생존 가능성을 확보하게 되었을 것이다. 아울러 전대상피질과 뇌섬엽 등이 매개하는 유동성 지능 역시 문명화된 환경에서 생존과 적응에 더욱 유리하게 작용했을 것이다.

그렇다고 이들의 생존을 수동적인 결과로 보아서는 곤

란하다. 앞서 이야기한 바와 같이, 동물과 구별되는 인간으로서 가질 수 있는 자부심은 자연적으로 주어진 조건을 뛰어넘는 데서 비롯한다. 인간의 문명은 자연을 넘어서기 위한 창조적 몸부림의 산물이다. 해나 아렌트$^{Hannah\ Arendt}$의 고전 『인간의 조건』은 최초의 인공위성인 스푸트니크의 발사에 관한 이야기로 시작한다.[258] 아렌트는 이를 지구라는 감옥, 곧 자연적으로 주어진 인간 조건$^{human\ condition}$으로부터의 탈출을 상징하는 사건으로 보았다. 반대로 진화에서의 '적응'이란 그러한 탈출의 몸부림 없이 자연에 수동적으로 굴복하는 '순응'을 말하는 것이다.

이처럼 진보의 속성이 문명의 발전을 통한 자연선택으로부터의 탈출이라면, 이것이 시사하는 바는 매우 크다. 이는 곧 사회 환경, 즉 인간이 스스로 창조한 인간 조건이 유전자 메커니즘, 즉 자연적으로 주어진 생물학적 인간의 조건을 대체할 수 있다는 희망을 암시한다.

그런데 사회 환경이 유전자에 미치는 영향에는 다른 측면도 존재한다. 문명화된 환경은 보수적 본능이 약한 유전자형과 탐색 성향이나 유동성 지능을 높이는 유전자형의 발현을 바꾼 것이 아니다. 다만 이 표현형들이 살아남기에 유리한 새로운 조건을 제공해 준 것뿐이다. 하지만 어떤 경우에는 환경이 유전자형의 발현 과정에 영향을 미치기도 한다. 즉, 같은 유전자형을 가지고 있더라도 환경에 따라 표현형이 달라지는 것이다. 이러한 현상은 정치성과 관련된 유전자들에서도 나타난다. 인간의 정치 성향이라는 표현형이 어떻게 환경에 의해 조절되는지가 다음 장의 내용이다.

3장 보수의 유전자

❝ 세로토닌, 옥시토신, 리포칼린 등을 둘러싼 유전자들의 생물학적 기능과 진화적 양상, 출산율 통계 등은 보수의 유전자형이 생존과 번식에 기여했음을 보여준다. ❞

❝ 성공적으로 진화한 '다정한' 자들의 사회성이란 편협한 이타주의, 집단 이기주의, 권력과 위계에 대한 복종에 불과하며, 그들이 잃어버린 공격성은 불의에 맞서는 데 필요한 투쟁심이다. ❞

❝ 동물과 구별되는 인간으로서 가질 수 있는 자부심은 자연적으로 주어진 조건을 뛰어넘는 데 있다. 반면 진화에서의 '적응'이란 인간 조건으로부터의 탈출을 위한 몸부림 없이 자연에 수동적으로 굴복하는 '순응'을 말한다. ❞

4장

보수의 환경

젊어서나 늙어서나, 부유해도 가난해도

"유전자가 모든 것을 결정한다." 이는 맞는 말이기도 하고 틀린 말이기도 하다. 모든 형질을 유전자가 100퍼센트 설명한다는 뜻이라면 전적으로 틀린 말이다. 타고난 유전자의 영향력, 즉 유전력^{heritability}은 개개의 형질마다 모두 다른데, 대개 100퍼센트에 미치지 못한다. 대표적으로 유전학적 영향력이 매우 높다고 알려진 키의 경우도 그 값이 80퍼센트로서 100퍼센트에는 미치지 못한다.[259-261] 한편 환경의 작용이 중요할 것으로 생각되는 우울증의 유전력은 30~50퍼센트 정도로 측정된다.[262, 263] 즉, 같은 유전자형이라도 다른 환경 조건에서는 다른 표현형으로 나타날 수 있다.

이것이 바로 유전자-환경 상호작용에 관한 연구에서 환경이 특정 유전자형에 어떻게 작용해 어떤 결과를 낳는지를 파악할 수 있는 이유다. 특히 우리가 주목하는 유전자들이 정치 성향이라는 표현형을 만들어 내는 것들이라는 점에서, 가정과 학교, 또래 관계, 지역 정서, 국가의 정치 상황 등 다양한 사회적 환경에 주의를 기울일 필요가 있다. 이는 곧 유전학과 사회학이 만나는 지점이기도 하다.

흥미롭게도, 인간의 정치성과 관련되었던 MAOA와 5-HTT는 환경과의 상호작용이 연구된 대표적인 유전자들이다. 두 유전자는 영국 킹스칼리지 런던, 미국 위스콘신대학교 매디슨, 뉴질랜드 오타고대학교 공동 연구진이 조사해 《사이언스》에 발표했는데, 두 논문 모두 널리 인용되면서 유명해졌다.[264, 265]

먼저 3장에서 '전사 유전자'라고 소개한 MAOA의 경우에는 활성이 높은 유전자형과 낮은 유전자형이 있는데, 이 가운데 낮은 활성의 유전자형이 높은 공격성과 연관된다.

연구진은 참가자들을 MAOA 유전자형과 어릴 적 학대를 받은 정도에 따라 총 6개의 그룹으로 나누었다.[264] 그리고 각 집단에서 폭력적 성향의 정도, 품행 장애 및 반사회적 인격 장애의 발생 빈도, 폭력 범죄로 유죄 판결을 받은 비율을 조사해 서로 비교했다.

결과는 놀라웠다. 네 가지 척도 모두에서 공격성을 높이는 유전자형을 타고난 아이들이 학대를 받았을 때 그 수치가 가장 높게 나타난 것이다. 낮은 공격성 유전자형을 가진 경우는 학대를 받았더라도 상대적으로 낮은 수치를 보였다. 환경 자극에 대한 일종의 유전학적 보호 효과인 셈이다. 더욱 중요한 것은 높은 공격성 유전자형을 지니고 있음에도 학대를 경험하지 않은 경우 네 가지 행동 척도 모두에서 압도적으로 낮은 수치를 보였다는 점이다.

유사한 양상이 정치적 맥락에서도 관찰되었다.[266] 다시 말해, 사람들이 처한 정치적 환경이 MAOA를 통해 정치적 폭력을 낳는 것으로 나타났다. 여기서 정치적 폭력은 공권력의 정당한 행사에 대항해 폭동을 일으키거나 공공시설을 파괴하는 행위 등을 말하며, 정치적 환경이란 정부에 반대 의사를 표현했을 때 직업상의 이유 등으로 불이익을 받을 수 있다고 느끼는 정도로 측정한 것이다. 결과적으로 공격적인 MAOA 유전자형을 지닌 이들이 정치적 폭력을 행사하는 경우가 더 많았는데, 이들이 정치적 억압을 느낄수록 그 정도도 그에 비례해 높아졌다.

한편 5-HTT에 대한 연구는 스트레스와 우울증에 관한 것으로서 더 큰 주목을 받았다.[265] 5-HTT, 즉 세로토닌 전달체는 앞 단의 신경세포에서 분비된 세로토닌이 다음 신경세포에 도달하기 전에 원래의 신경세포로 재흡수하는 역할을 한다. 세로토닌 회로를 억제하는 기능을 하는 것이다. 그런데 우리가 흔히 말하는 우울증은 주로 세로토닌 수치가 낮은 경우에 발생한다. 5-HTT의 이러한 기능을 방해함으로써 세로토닌 재흡수를 막고, 결과적으로 세로토닌의 활성을 높이는 선택적 세로토닌 재흡수 억제제가 항우울제로 널리 쓰이는 이유다.

세로토닌이 주관하는 위계적 행동과 우울증 간의 이러한 연관성은 진화적으로도 의미가 있다. 존스홉킨스 의과대학의 데이비드 린든 David Linden 교수가 『우연한 마음』에서 설명했듯이, 학자들은 우울증과 같이 생존과 번식에 불리해 보이는 감정이 왜 지금까지 남아 있는지에 대한 몇 가지 가설을 제시했다.[267] 그중 대표적인 것이 사회적 지위가 낮은 경우에는 활력 없는 상태를 유지하는 것이 오히려 생존에 유리하다는 가설이다. 이러한 상태가 자신의 공격성을 줄이는 한편, 지위가 높은 개체로부터 공격당할 가능성도 줄일 수 있다는 것이다. 사회적 지위가 낮아질수록 그에 따라 세로토닌 수치가 낮아지므로, 세로토닌 부족이 우울증을 유발하는 것은 그러한 적응상의 이점 때문일 수 있다. 세로토닌 회로 체계가 발달시켰다고 하는 소위 '친사회성'과 공격성 감소라는 이면에는 우울증이라는 비극이 있는 것이다.

반대로 세로토닌의 활성이 너무 높은 경우도 문제가 된다. 5-HTT에는 두 가지 유전자형이 있는데, 유전자형에 따라 세로토닌 재흡수 기능이 달라 세로토닌의 활성 정도도 다르다. 그런데 앞서 설명했듯이, 세로토닌 활성을 강화하는 유전자형을 지닌 이들에게서 편도체의 공포 반응이 더욱 강하게 나타난다. 달리 말해, 스트레스에 더 과민 반응 하는 것이다. 과거와 달리 현대사회에서는 일상적인 갖가지 스트레스 상황에서도 편도체의 교감신경이 싸움-도주 반응을 유발하기에, 이러한 5-HTT 유전자형에는 '예민한 유전자$^{grouchy\ gene}$'라는 별명이 붙어 있다.

킹스칼리지 연구진이 주목한 핵심 쟁점은 5-HTT 유전자형과 스트레스 간의 유전자-환경 상호작용이 과연 우울증에 영향을 미치는가 하는 것이었다.[265] 연구진은 고용, 재정, 주거, 건강, 대인 관계 등에 관한 스트레스 요인들로 구성된 14가지 사건 목록을 작성한 뒤, 참가자들이 평생 이 가운데 몇 가지 사건이나 경험했는지를 조사했다. 이와 함께 자가 보고를 한 우울 증상의 정도, 주요 우울증 삽화의 빈도, 자살 관념 및 시도 횟수, 제3자의 우울 평가도 조사했다. 예상대로 예민한 유전자를 지닌 이들이 여러 우울증 척도에서 높은 수치를 보였다. 그러나 삶에서 경험한 스트레스 사건의 수가 많은 경우에만 그러했다.

연구가 크게 주목받은 만큼 여러 재현 연구$^{replication\ study}$가 뒤따랐다. 이렇게 동일 주제에 대해 독립적으로 수행된 여러 연구의 데이터를 취합해 종합하는 것을 '메타분석$^{meta\text{-}analysis}$'이라고 하는데, 실제로 이 방식을 적용해 보면 5-HTT 유전자형이 스트레스 환경에서 우울증 발생 가능성을 높인다는 것이 더욱 명확해진다.[268] 최근에 이루어진 또 다른 메타분석에서는 스트레스 상황에 놓인 기간, 최근에 겪은 스트레스 사건이 언제였는지와 같은 시간적 요소도 작용한다는 것이 밝혀졌다.[269] 요컨대 우울증이 유전자, 환경, 시간의 삼중 상호작용에 따른 결과라는 것이었다.

예민한 유전자는 스트레스에 대한 심리적 반응뿐 아니라 인지 기능에도 영향을 미친다. 이 유전자형을 지닌 경우 인지적으로 과잉 각성$^{hyper\text{-}vigilance}$ 상태, 즉 주변에 대한 경계 수준이 극도로 높은 상태에 이를 수 있다. 특히 생존과 관련 있다고 여겨질 만한 자극에 대해서는 선택적으로 더 집중할 것이라고 추론할 수 있는데, 실제로도 예민한 유전자를 지닌 이들은 종종 주의 편향$^{attention\ bias}$ 현상을 보인다.[270] 즉, 위협적인 이미지나 감정을 유발하는 시각 자극 등에 주의력이 편향적으로 집중되는 것이다. 특히 발달기 아동이나 청소년의 주의 집중력도 이 유전자형의 영향을 받는데, 이때 양육 환경과의 상호작용이 발생한다.

즉, 예민한 유전자가 사회경제적 지위$^{socioeconomic\ status}$가 낮은, 즉 불리한 환경에 있는 아동의 선택적 집중도$^{selective\ attention}$를 높인다는 것이 관찰된 것이다.[271]

한편, 도파민 회로와 관련해 주목할 만한 것은 탐색 성향이나 개방성과 관련 있는 것으로 잘 알려진 도파민 수용체 DRD4의 7R 유전자형과 환경의 상호작용이다.[204] 흥미롭게도, 여기서 환경 요인은 친구의 수다. 즉, 7R을 지닌 이들은 청소년기에 사귄 친구가 많을 경우 진보적 성향을 띤다. 친구의 수는 유전력이 높지 않은 것으로 알려져 있고, 7R을 지니고 있다고 해서 친구가 많은 것도 아니다. 따라서 7R이라는 유전자형과 다양한 친구와의 교류라는 환경적 자극의 상호작용이 진보 성향의 발달에 영향을 미치는 것으로 볼 수 있다.

도파민 회로의 부작용 중 하나는 일탈이나 반항적인 행동인데, 이 역시 유전자와 환경으로부터 동시에 영향을 받는 것으로 보인다. 예를 들어, 7R 유전자형을 지닌 어린이들은 무관심한 어머니 밑에서 자랄 경우 반항심과 공격성을 표출하는 행동을 많이 보인다.[272] 또 다른 도파민 수용체인 DRD2와 관련해서도 유사한 양상이 나타난다. 즉, 특정한 DRD2 유전자형을 지닌 청소년들이 부모의 지원과 관심 부족에 특히나 취약하며, 그 결과로서 높은 수준의 비행과 일탈 행동을 보인다.[273]

DRD2는 주의 집중, 작업 기억 working memory, 계획 능력, 시각 처리 능력과도 상관관계를 보이며, DRD2에 작용하는 약물들이 인지 기능을 향상시키거나 저해할 수 있다는 보고도 다수 있다.[274-277] 이처럼 DRD2가 인지 기능을 조절하는 데도 환경과의 상호작용이 관여한다는 보고가 있다. DRD2의 유전자형과 부모의 교육 수준에 따라 수학 실력이 다르다는 것이다.[278]

젊은 남성층의 보수화

이와 같이 사람이 처한 다양한 사회 환경은 정치 성향 유전자들과 긴밀하게 상호작용한다. 우리가 특히 이 문제에 주목해야 하는 이유 중 하나는 최근 부각되고 있는 젊은 남성층의 우경화 현상 때문이다. 한 세대 전 남성들이 젊었을 때 가지고 있던 정치 성향과 비교했을 때, 현세대 젊은 남성들은 전반적으로 뚜렷하게 보수화되었다. 여성들이 진보 성향으로 옮겨 간 것과 더욱 대비된다. 이는 유전자군$^{gene\ pool}$의 변화로는 설명이 불가능하다. 특정 유전자형이 집단 내에서 많아지거나 적어지는 것이 관찰되려면 적어도 수십 세대가 소요되기 때문이다.

결국 젊은 남성층의 우경화 현상은 환경의 변화로 설명할 수밖에 없다. 그리고 이러한 환경 변화는 국제적 문제로 귀결된다. 어느 한 나라에서만 일어나는 일이 아니기 때문이다. 2024년, 《파이낸셜 타임스》, 《이코노미스트》, 《가디언》 등은 젊은 세대 남녀 간의 정치적 양극화가 전 세계적으로 점차 심화되어 왔다는 분석을 잇따라 내놓았다.[279-281] 이와 관련해 언론에서 자주 언급하는 것이 매노스피어다. '매노스피어^{manosphere}'란 젊은 남성과 청소년을 대상으로 하는 온라인 커뮤니티 혹은 콘텐츠 네트워크를 뜻하는데, 남성 위주의 극단주의적 사고를 퍼뜨리는 매개체가 되고 있다. 군 복무, 양육권, 성범죄 누명 등 남성이 피해자인 문제에 집중하거나 이성 관계에서의 좌절이나 실패 등을 여성 비하나 혐오로 드러내면서, 남성층의 불만,

혼란, 성정체성의 위기를 표출하는 창구로 쓰이고 있다.

성별에 따른 정치 양극화는 학술 자료로도 뒷받침된다. 로널드 잉글하트$^{Ronald\ Inglehart}$는 미국의 정치학자이자 미시간대학교 교수로, 세계 가치관 조사$^{World\ Value\ Survey}$라는 프로젝트를 이끌며 시민들의 가치 변화를 측정하는 일을 주도해 왔다. 잉글하트는 하버드대학교 피파 노리스$^{Pippa\ Norris}$ 교수와 함께 세계 가치관 조사의 데이터를 토대로 2000년 「성별 격차의 발달 이론: 세계적 시각에서 바라본 여성과 남성의 투표 행동」이라는 논문을 발표했다.[282]

이들에 따르면, 주로 미국과 서유럽에서 수행된 1950~1960년대의 초기 고전 연구들이 정치학에서 하나의 정설을 확립했다.[283-286] 비교적 미미한 차이이기는 하나, 여성들이 남성들보다 중도 우파 정당을 지지하는 경향이 더 강하다는 사실이 발견된 것이다. 이처럼 전후 시대 서구 민주주의 국가들에서 관찰된 지속적이고도 일관된 여성의 보수성을 잉글하트와 노리스는 '전통적 성별 격차$^{traditional\ gender\ gap}$'라고 규정했다.

하지만 1980년대를 거치며 여성의 보수성에 대한 이

러한 통념은 점차 도전받기 시작했다. 먼저, 미국에서 원래 민주당을 지지하던 남성 유권자들 중 상당수가 공화당을 지지하는 현상이 나타났다.[287] 이들은 '레이건 민주당원Reagan Democrats'이라고 불렸다. 주로 백인 노동 계층의 남성들이었는데, 로널드 레이건이 강조하는 강력한 국방, 전통적인 가족적 가치, 그리고 감세나 규제 완화 같은 자유시장 경제 정책에 이끌렸다. 이로 인해 공화당은 1980년대 내내 미국 정치에서 우위를 점하게 되었고, 보수 우파의 정치적 헤게모니가 확립되었다.

1990년대에 들어서자 이번에는 전통적으로 보수 성향이 짙었던 여성 유권자들, 특히 '축구 엄마soccer mom'라고 불리는, 교외 지역에 거주하면서 자녀의 교육과 건강, 지역 안전 문제에 관심 많은 중산층 여성들이 정치적으로 움직였다. 이들은 빌 클린턴Bill Clinton이 내세우는 중도적 노선에 매력을 느끼며 민주당에 표를 던지기 시작했다. 그 결과로 클린턴은 대통령에 두 번이나 당선되었고, 1990년대 민주당은 교외 지역에서도 상당한 지지를 얻었다.

1980년대 미국에서 이와 같은 성별 재정렬gender realignment

이 일어나는 동안, 다른 여러 나라에서는 성별 탈정렬^{gender} ^{dealignment} 현상이 감지되었다. 영국, 독일, 네덜란드, 뉴질랜드 등의 투표 행동 조사에서 전통적 성별 격차가 더 이상 명확하게 드러나지 않기 시작한 것이다. 하지만 머지않아 탈정렬에서 재정렬로의 변화가 뚜렷해지기 시작했다. 1989년부터 2014년까지 유럽과 캐나다에서 수집한 데이터는 젊은 세대 남성들이 여성들에 비해 보수 성향을 띤다는 점을 명확하게 보여준다.[288]

그렇다면 1980년대부터 시작된 국제적 환경 변화란 무엇이며, 그것은 왜 성별에 따라 다른 영향을 미친 것일까. 앞선 사회학 문헌들이 주로 미국과 유럽의 현상을 관찰했다는 점을 염두에 두면, 이 시기의 변화를 대표하는 두 명의 정치 지도자, 즉 미국의 로널드 레이건과 영국의 마거릿 대처에 주목하게 된다. 레이건은 1981년, 대처는 1979년에 집권해, 각각 '레이거노믹스^{Reaganomics}'와 '대처리즘^{Thatcherism}'으로 알려진 신자유주의 경제 정책을 본격적으로 추진했다.

이들의 경제 정책의 이면에는 신자유주의를 대표하는 두 명의 경제학자, 프리드리히 하이에크$^{Friedrich\ Hayek}$와 밀턴 프리드먼Milton Friedman이 있다. 1974년 노벨 경제학상을 받은 하이에크의 사상은 1980년대 대처리즘과 레이거노믹스에 지대한 영향을 끼쳤으며, 정부가 개입을 줄이고 개인과 시장의 자유를 확대해야 한다는 프리드먼의 사상도 1962년 『자본주의와 자유』와 1980년 『선택할 자유』를 통해 이들에 적잖은 영향을 미쳤다.[289, 290]

대한민국 현대사에서도 1980년대는 중대한 의미를 가진다. 1987년은 5·18 민중항쟁과 6월 항쟁을 거쳐 군사독재가 종식되고 민주 정부가 출범한 해다. 그리고 그로부터 10년 뒤인 1997년, 한국은 유례없는 외환 위기를 맞았다. 학계에서는 이를 두고 각각 '87년 체제'와 '97년 체제'라고 명명했는데, 특히 많은 이들은 87년 체제의 핵심적인 문제를 신자유주의로 보았다. 당시 집권한 민주 세력이 정치 민주주의에 치중하는 가운데 전 세계적인 신자유주의 흐름 속에서 경제 민주화를 이루지 못한 것이 97년 경제 위기의 발단이었다는 것이다.

공교롭게도, 이 시기는 앞서 설명한 신다윈주의가 확산되기 시작한 때이기도 하다. 1964년 존 메이너드 스미스가 집단선택을 비판하며 혈연선택 개념을 제시하고,[37] 같은 해 윌리엄 해밀턴이 이타적으로 보이는 행위조차 혈연과 관련해 이루어진다는 것을 밝히고,[38, 39] 1966년 조지 윌리엄스가 『적응과 자연선택』을, 1975년 에드워드 윌슨이 『사회생물학』을, 1976년 리처드 도킨스가 『이기적 유전자』를 출간하면서 신다윈주의가 학계의 정설로 자리잡은 것이다.[40-42] 그리고 1980년대에 들어서는 학계를 넘어 대중에게까지 널리 전파되었다.

신다윈주의와 신자유주의는 동시대의 산물일 뿐 아니라 이념적으로도 서로 맞닿아 있다. 신다윈주의는 생물 세계에 집단을 위한 조절이나 희생이란 존재할 수 없으며, 오직 자신의 유전자를 퍼뜨리려는 이기적인 개체들만이 자연의 선택을 받아 살아남고 번식하는 것이 자연의 섭리라고 말한다. 신자유주의는 경제에 대한 국가의 규제는 필요하지 않으며, 자신의 이익을 위해 매진하는 이기적인 경제 주체들이 보이지 않는 손을 통해 균형과 효율을 만들어 가는 것이 자유시장의 원리라고 말한다. 이 둘은 뚜렷한 대구를 이룬다. 생물 개체와 경제 주체, 집단을 위한 조절과 국가의 규제, 자연선택과 보이지 않는 손, 그리고 적자생존의 섭리와 자유시장의 원리.

젊은 남성의 보수적 세계관 역시 신다윈주의와 신자유주의 기조 위에 형성된 것으로 보인다. 번식과 경제는 신자유주의 사회의 생식 적령기 남성들에게 심각한 과제로 다가올 수밖에 없다. 이들에게 가장 중요한 생물학적 화두는 번식에 성공하는 것인데, 신자유주의 체제하에서 이는 점차 경제적 성공과 동일시되고 있다. 매노스피어에서는 섹스를 하고 싶어도 할 수 없는 남자들을 '비자발적 독신자involuntary celibates', 혹은 줄여서 '인셀incel'이라 부른다. 번식 실패자들이라고 스스로를 비하하거나 자조하는 말이다. 또한 이들은 경제학자 빌프레도 파레토Vilfredo Pareto가 제안한 파레토 법칙Pareto principle을 진화생물학의 알파·베타 메일 개념과 엮어 20퍼센트의 능력 있는 남성이 80퍼센트의 여성을 독점할 수밖에 없다고 믿는다.

먼저 주목할 사안은 번식이다. 지난 장에서 생태학의 핸디캡 이론을 통해 설명한 바와 같이, 유성생식을 하는 동물의 번식을 대표하는 행위는 수컷이 보내는 값비싼 신호를 암컷이 정직한 신호로 받아들이는 것이다. 이때 수컷은 다른 수컷과의 경쟁에서 우위를 차지하기 위해 값비싼 신호를 만들고 과시한다. 번식은 많이 낳으면 낳을수록 좋은 다다익선 체계로서, 주변의 경쟁자들보다 얼마나 더 많이 낳는지가 중요한 비교우위 체계다. 이것이 바로 가장 치열한 경쟁이 번식을 두고 일어나는 이유다.

이를 보여주는 한 가지 현상이 동물 집단에서 강한 수컷이 다른 수컷의 새끼들을 모조리 죽이고 암컷을 차지하는 것이다. 랑구르원숭이에게서 이러한 유아 살해 행동이 처음 보고된 이후로 다양한 포유류에서 이것이 실로 광범위한 현상이라는 것이 확인되었다.[291] 수사자는 무리를 지배하는 수컷을 몰아내는 데 성공하면 새끼 사자들을 전부 몰살하고 암컷들과 하루에 수십 번씩 교미하며, 수컷 코끼리물범은 유혈이 낭자하는 짝짓기 철 싸움에서 승리하면 100마리에 가까운 암컷을 독차지한다.[292]

인간 사회에서도 번식 경쟁이 분쟁과 전쟁의 중요한 원인이다. 미국의 저명한 인류학자 나폴레옹 샤뇽[Napoleon Chagnon]이 브라질과 베네수엘라에 사는 야노마모족과 지내며 기록한 내용에 따르면, 여성을 사는 데 필요한 열매들을 두고 남성들 간에 극렬하고도 잦은 폭력이 일어나는 탓에 야노마모족에서는 과반수가 가까운 친척들을 모두 살인으로 잃는다.[293] 《사이언스》 논문을 비롯한 여러 연구들에서 샤농은 야노마모족의 싸움이 주로 번식 기회와 관련 있었다고 설명했다.[294] 마을 안에서 벌어지는 폭력적 분쟁의 원인은 주로 간통이었으며, 마을 간의 전쟁에서 어김없이 행해지는 것은 여성 강간이나 납치였다. 아자 가트$^{Azar\ Gat}$의 방대한 저서 『문명과 전쟁』에 인용된 수많은 자료들도 남성들 사이의 번식 경쟁에 대해 같은 관점을 제시한다.[295]

치열한 번식 경쟁에서 또 빼놓을 수 없는 것이 과시적 행동이다. 사냥이 대표적이다. 아직까지 남아 있는 일부 수렵채집 사회는 인류 조상들의 행동 양식을 파악할 수 있는 좋은 모델인데, 이곳 남성들은 과도하게 큰 짐승을 사냥하려 하며, 이렇게 얻은 큰 사냥감마저 자기 가족들이 아닌 다른 집단 구성원에게도 공평하게 나누어 주려는 경향이 있다. 통계치를 보면 뛰어난 사냥꾼의 가족이 다른 가족보다 고기를 더 많이 받는 것은 아니다. 인류학자들은 위험을 감수해 가면서까지 큰 동물을 사냥해 다른 구성원들에게 나누어 주는 이러한 남성들의 행동을 값비싼 신호로 해석한다.[296] 실제 데이터에 따르면, 뛰어난 사냥꾼이라는 평판을 얻으면 결혼에 성공할 뿐 아니라 혼인 대상으로 인기 많은 여성을 차지할 가능성도 높아진다.[297-301] 또한, 이들은 혼외로 자식을 가지거나 두 번째 아내를 얻는 등 다른 이들보다 더 많은 번식 기회를 가질 수 있는 것으로 나타난다.

일부일처로 통제되기 전에는 남성의 힘과 능력이 번식 성공과 더욱더 밀접했다. 과거 대다수 인간 사회는 일부다처제를 유지했고, 다양한 인구 집단에 대한 유전학 분석에서도 일부 남성들이 여러 여성을 차지했음이 드러난다.[302-304] 극단적인 예가 막강한 정치 권력자들이다. 현대인들의 DNA를 조사해 보면 칭기즈칸, 청나라 태조, 아일랜드 왕조의 혈통이 번식에 얼마나 성공적이었는지가 적나라하게 나타난다.[305-308]

일부일처 제도의 정착과는 상관없이, 번식 성공을 위한 진화적 과시 본능은 그대로 남아 있다. 특히, 생식 적령기의 젊은 남성은 결혼을 의식하든 의식하지 않든 본능적으로 값비싼 신호에 경쟁심을 가지게 된다. 이는 오늘날의 젊은 남성들의 무모하고 위험한 행동에서도 드러난다. 20대 남성의 자동차 보험료가 가장 높은 것은 사고 발생률 통계에 근거한 것이다. 과속 운전뿐 아니라 위험한 스포츠, 과도한 음주, 충동적인 도전 행동들이 체력, 자신감, 통제력, 심리적 회복력 등의 자원을 과시하는 데 동원된다. 이러한 위험 감수 행동의 기저에는 유전학적 우월성을 과시해 짝짓기 경쟁에서 우위를 점하려는 진화된 전략적 신호가 작동하는 것이다.

젊은 남성들의 이러한 행동, 그리고 지난 장에서 언급한 학위와 지적 능력, 예술성 등 다양한 형태의 값비싼 신호는 신호 수신자에게 정직한 신호로 인지된다. 능력을 기준으로 남자들을 평가하는 것은 인간 본능에 박혀 있는 습성처럼 보인다. 《사이언스》에 발표된 심피언 교수의 유명한 연구가 이를 보여준다.[309] 연구진은 5세에서 7세 사이의 미국 어린이들에게 성별을 언급하지 않은 채로 "아주아주 똑똑한" 어떤 사람에 대한 이야기를 들려주었다. 그리고 낯선 남성과 여성의 사진을 보여주며 그 이야기의 주인공이 누구인지를 선택하게 했다.

그 결과, 5세 아이들에게서는 별다른 양상이 나타나지 않았지만 6세 이상의 아이들은 남성을 골랐다. 특히 연구진은 남자아이들이 자신과 같은 성별을 선택하는 것인 데 반해 여자아이들은 자신과 다른 성별을 고르는 것이라는 점에 주목했다. 반면 "아주아주 착한" 사람을 고르는 과제에서는 여성이 더 많이 선택되었다. 그뿐이 아니다. 6세와 7세 아동들은 "아주아주 똑똑한" 아이들이 하는 게임과 "아주아주 열심히 하는" 아이들이 하는 게임에 대해 성별에 따라 다른 정도의 관심을 보였다. 남자아이들은 똑똑해야 하는 게임에 더 관심을 보인 반면, 여자아이들은 열심히 해야 하는 게임에 더 관심을 보인 것이다.

이 연구가 크게 주목받은 이유는 여자아이들조차 남성이 더 똑똑하다는 고정관념을 내면화한다는 충격적인 결과를 제시했기 때문이다. 특히, 이러한 고정관념이 근면함과 같은 노력에 대한 것보다는 선천적인 능력에 대한 인식과 관련 있음을 보여준 것도 중요한 시사점이다. 여러 후

속 연구들은 이런 현상이 미국 아이들에 국한된 것이 아니라 중국, 일본, 싱가포르, 한국 등의 같은 연령대 어린이들 사이에서도 동일하게 나타난다는 사실을 보여준다.[310-313] 이는 인간에게 보편적으로 나타나는 심리적 특성임을 시사한다.

자발적 노예로 내몰리는 비자발적 독신자

번식에 이어서 주목할 사안은 바로 경제다. 지난 장에서 설명했듯이, 생태학의 핸디캡 이론은 경제학의 신호 이론과 연결된다. 즉, 인간의 경제 행동의 기저에는 과시적 소비와 같은 값비싼 신호로 표출되는 은밀한 번식 욕망이 작동하고 있다. 그런데 신자유주의가 지배적인 흐름으로 자리 잡은 사회에서는 모든 값비싼 신호가 경제적 능력으로 수렴하고 있다.

남자에게서 경제적 능력을 기대하는 진화적 본성은 자녀에 대한 부모의 투자 심리에서도 드러난다. 부유한 가정의 아들은 다른 남성들과의 짝짓기 경쟁에서 승리할 가능성이 높지만, 가난한 경우에는 아들보다 차라리 딸에게 투자하는 것이 결혼을 성공시킬 확률이 높기 때문이다. 이와 관련해 로버트 트리버스Robert Trivers와 댄 윌러드Dan Willard는 일찍이 《사이언스》 논문을 통해 부모가 형편이 좋을 때는 아들을 선호하고 형편이 좋지 못할 때는 딸을 선호하는 경향이 생길 것이라고 예측한 바 있다.[314]

실증적인 데이터가 이를 입증한다. 캐나다 사람들이 남긴 유언장 1,000개를 분석한 결과, 부유한 가정에서는 아들에게 2배나 더 많은 유산을 물려준 반면 가난한 가정에서는 오히려 딸에게 더 많은 양의 유산을 물려준 것이다.[315] 중국에서의 온라인 구매 실태 조사도 이를 지지한다. 경제적으로 부유한 부모는 아들에게 줄 선물에 더 많은 돈을 쓰는 반면, 그렇지 못한 부모는 딸에게 더 많은 돈을 쓰는 것으로 나타난다.[316]

심지어 이러한 선별적인 투자는 생리학적 수준에서도 일어난다. 일례로 부유한 가정에서는 엄마 모유의 유지방 함량이 태아가 아들일 때 유의하게 높게 나타난 데 반해 어려운 형편의 가정에서는 오히려 딸일 때보다 더 낮게 나타난다는 보고가 있다.[317] 또한 고등학교를 졸업하지 못한 여성이 대학 교육을 받은 여성에 비해, 흑인 여성이 백인 여성에 비해 아들을 낳을 확률이 낮고, 어린 미혼모에게서 태어나는 남아 사망률이 여아 사망률에 비해 더 높다.[318] 불리한 환경의 가정에서는 아들보다 딸을 선호하는데, 이것이 생리적인 차원에서까지 딸의 경우에는 투자를 늘리고 아들의 경우에는 투자를 줄이는 방향으로 나타나는 것이다.

이런 점에서 남성들이 보이는 보수 성향이 주로 경제와 관련해 드러난다는 점은 특별히 주목할 만하다. 성별에 따른 정치 성향 차이의 상당 부분은 경제적 보수주의인 사회 지배 지향성으로 설명되는데,[319] 이때 나이, 계층, 종교, 교육 수준, 인종, 인종 차별적 태도, 출신 지역, 성 역할에 대한 의견 등 다양한 요인과 상관없이 남성이 여성보다 사회 지배 지향성이 높게 나타난다.[320] 이러한 양상은 다양한 국가와 인구 집단에서 공통적으로 관찰된다.[321]

반면 사회적 보수주의를 나타내는 우익 권위주의에서는 남녀 간에 뚜렷한 차이가 나타나지 않는다. 1993년부터 2019년까지 우익 권위주의를 다양한 차원에서 조사한 여러 연구들이 있었지만, 모든 연구에서 성별은 별다른 역할을 하지 못하는 것으로 나타났다.[322-327] 특히 한 연구에서는 사회 지배 지향성과 우익 권위주의를 동일한 사람들을 대상으로 조사했으나, 오직 사회 지배 지향성에서만 남녀 간의 차이가 관찰되었다.[328]

흥미롭게도, 우익 권위주의는 성별이 아닌 연령에 따라 차이를 보인다. 정치적 보수성을 개괄적으로 측정했을 때는 나이에 따른 보수화 경향이 뚜렷이 드러나지 않았다.[329] 그러나 보수성을 사회 지배 지향성과 우익 권위주의로 세분화해 6만여 명의 대규모 집단을 상대로 조사해 보자, 나이가 들수록 사회 지배 지향성보다는 우익 권위주의가 증가한다는 것이 관찰되었다.[330] 이러한 경향은 고령층에서 관찰되는 강한 내집단 선호와도 일치한다. 예를 들어, 《네이처 노화》에 발표된 4만 5,000여 명의 기부 행동에 관한 대규모 조사에서는 연령이 많을수록 해외보다는 국내에 기부하려는 의향이 더 높은 것으로 나타났다.[239]

이와 같이 나이와 성별은 보수주의의 서로 다른 두 가지 양상과 연관성을 보이는데, 이는 각기 생존 본능과 번식 본능을 반영한다. '위험'이라는 관점에서 형성되는 우익 권위주의의 근간에는 보수적 베이지언 뇌의 작용, 교감신경의 싸움-도주 반응, 옥시토신의 돌봄-방어 반응 등으로 매개되는 생존 본능이 있다. 위협에 대한 신체적 대응이 점차 둔화되는 고령층의 보수성이 사회적 보수주의로 이어지는 이유라고 하겠다. 한편 '경쟁'이라는 관점에서 형성되는 사회 지배 지향성에는 내재성 휴리스틱과 신호 체계, 세로토닌, 페로몬 등이 주관하는 번식 본능이 있다. 이는 성공과 쟁취의 욕망으로 발현된다. 따라서 남성들, 특히 젊은 남성층의 보수성은 능력주의 기반의 경제적 보수주의로 나타난다.

남성호르몬과 과시적 소비의 연관성도 주목할 만하다. 경제학자 프레드 허시$^{Fred\ Hirsch}$는 실생활에 필요한 물질재$^{material\ goods}$와 달리 그 상품을 소비함으로써 얻는, 혹은 얻을 것으로 기대되는 사회적 지위가 더 중요한 재화를 일컬어 '지위재$^{positional\ goods}$'라고 정의한 바 있다.[331] 그런데 흥미롭게도, 《네이처 커뮤니케이션스》에 발표된 한 연구에 따르면, 남성호르몬을 투여받은 참가자들은 품질과 무관하게 사회적 인식이 낮은 브랜드보다 고가치 브랜드의 상품을 선호하는 경향이 상대적으로 더욱 강하게 나타났다.[332] 특히 이러한 경향은 해당 상품이 사회적 지위를 상승시키는 효과가 있다는 설명을 들었을 때 더욱 강화되었다.

젊은 남성들의 보수화와 관련해 또 한 가지 주목할 만한 것은 남성이 과거에 비해 상대적으로 불리한 위치에 놓이게 되었다는 점이다. 앞서 설명했듯이 아들의 번식 경쟁력에 대한 전망이 어두운 가정은 딸을 선호하게 되는데, 전 세계적으로 자유경쟁이 심화되어 감에 따라 이런 현상이 보편화되고 있는 것으로 보인다. 원시사회부터 과거 전통 사회까지 노동력 측면에서 남아가 선호되던 현상은 점차 사라지고 이제는 많은 부모들이 딸을 원한다. 자연 출산에 의한 기대치보다 부족한 전 세계 여아의 수는 25년 전 160만 명이었다. 현재는 이 수치가 20만 명으로 줄어들었다. 즉, 부모가 아들을 원한다는 이유로 태어나지 못하는 여아의 수가 무려 8분의 1로 줄어들 만큼 남아 선호도는 확연한 감소 추세다.[333]

사실 보수를 자칭하는 젊은 남성들의 대표적인 특징이

바로 자신들을 사회적 약자 내지는 피해자로 여긴다는 점이다. 가정, 또래 관계, 학교, 직장, 혼인 시장 내에서 능력에 따라 남자들을 평가하는 인간 본성이 여전한 가운데, 신자유주의의 경제 이데올로기는 이제 세상을 바라보는 가치관이자 생활 양식으로 곳곳에 스며들었다. 이런 상황에서 여성들의 학업 성취와 사회적 성공이 일부 남성들의 부진을 더욱 부각시키면서 그들의 상대적 박탈감과 압박감이 심화된 것으로 보인다.

이는 가난한 사람들이 보수적 성향을 띠는 것과 일맥상통하는 면이 있다. 유명한 마시멜로 실험에서, 경제적 형편이 어려운 가정의 아이는 절제력을 발휘하지 못하고 당장의 보상을 취하는 경향이 더 짙다.[334, 335] 자기통제력, 주의력, 실행력과 같은 정서 발달 정도를 측정하는 대표적인 지표가 미주신경의 활동성인데,[336-340] 교감신경의 흥분을 빠르게 가라앉혀 안정 상태를 회복하는 데 도움을 주는 이러한 미주신경의 활성도가 여건이 좋지 않은 환경의 아이들에게서는 낮게 관측된다.[341] 또한 앞서 설명한 대로, 예민한 유전자는 사회경제적으로 불리한 환경에서 주의 편향 혹은 선택적 집중을 유발할 가능성이 높다. 이는 베블런이 그의 『유한계급론』에서 남긴 말을 떠올리게 한다.[87] "일체의 에너지를 당장의 생존 투쟁에 쏟아부어야 하는 절대 빈곤자들은 내일을 생각할 여유조차 없기 때문에 보수적일 수밖에 없다."

정확히 베블런의 이러한 메시지를 현대적인 행동경제학과 심리학으로 입증한 것이 MIT의 센딜 멀레이너선Sendhil Mullainathan 교수와 프린스턴대학교의 엘다 샤퍼Eldar Shafir 교수가 펴낸 『결핍의 경제학』이다.[342] 이 책에서 제안한 '대역폭 세금bandwidth tax'이라는 개념은 인지적 자원에 부과되는 보이지 않는 세금을 의미한다. 세금을 낼 상황이 안 되는 가난한 사람들은 가용한 인지 대역폭도 제한된다. 즉, 빈곤한 상황이 정신적 여유 혹은 에너지를 고갈시켜 인지 기능을 저해하는 상황을 표현하는 말이다.

이들이 《사이언스》에 소개한 한 행동실험에서는 저소득층과 고소득층 참가자들을 대상으로 재정 문제를 결정해야 하는 두 가지 가상 상황을 제시했다.[343] 하나는 자동차 수리비가 적게 드는 경우였고, 다른 하나는 아주 많이 드는 시나리오였다. 참가자들은 바로 이어서 지능 검사에 임했는데, 고소득층과 달리 저소득층 참가자들의 인지 능력 점수가 재정 부담이 높은 상황에서 확연히 떨어지는 것으로 나타났다. 경제적 압박감이 인간의 인지적 자원을 어떻게 잠식할 수 있는지를 잘 보여주는 예시다.

이렇게 인지 자원이 고갈되면 인지적 종결 욕구가 강해지고, 기존의 믿음을 고수하는 보수적 베이지언 사고가 지배적으로 작용할 것이다. 깊이 있는 분석적 사고보다는 직관이나 간단하고 빠른 판단에 의존할 가능성이 높아지는 것이다. 이런 상황에서는 작업 기억을 기반으로 하는 체계적 사고가 약해지면서 휴리스틱이 더 쉽게 작동한다.[344] 특히 내재성 휴리스틱으로 인한 능력주의적 사고방식에 매몰되어 버리면, 성공은 타고난 이들의 것이며 그들이 누리는 혜택은 정당한 것이라는 세계관에서 벗어나기 힘들다. 또한 사회 지배 지향성이 강화되어 여성에 비해 남성이, 이민자들에 비해 내국인들이 경제적으로 더 많은 혜택을 받아야 마땅하다고 생각하게 된다.

앞서 사회 지배 지향성을 돈과 권력에 대한 '자발적 노예' 근성이라고 표현한 바 있다. 하지만 신자유주의는 예속이 아닌 자유를 말한다. 그러나 이들이 말하는 자유란 과연 무엇인가. 존 스튜어트 밀로 대표되는 고전적 자유주의의 자유는 절대왕정과 봉건제에 강탈당한 시민들의 정치적 권리였다. 그런데 시민 혁명을 통해 '권위'로부터 쟁취한 이 자유가 이제는 '권력'의 손에 들어가 있다. 하이에크는 『노예의 길』에서 공산주의 체제가 다시 권위의 노예로 돌아가는 길이라고 비판하며, 결국은 권력의 노예로 향하는 신자유주의의 길을 열어주는 데 기여했다.[345]

신자유주의가 추구하는 자유는 경제적 불공정을 정당화하는 메커니즘으로 작동한다. 이는 권력자를 위한 편파적인 자유, 즉 특권일 뿐이다. 자신의 이익을 최대화하려는 고용주의 자유는 근로자의 권리를 제약하며, 청년 세대의 성장할 권리는 이미 기득권을 점유한 기성세대의 이해관계에 의해 억압된다. 역설적이게도, 이렇게 자유를 빼앗기는 위치에 있는 젊은 남성들은 신자유주의를 마치 절대적인 진리처럼 신봉한다. 결국 자신도 모르게 '자발적 노예'가 되어버린 이들은, 스스로를 '비자발적 독신자'라 부르는 처지가 되었다.

환경에 좌우되는 보수의 표현형

지금까지 유전자와 환경의 상호작용을 특별히 정치 성향과 관련된 유전자들과 사회적 환경 간의 관계라는 맥락에서 살펴보았다. 어떻게 전사 유전자가 어릴 적 학대나 정치적 억압에 의해 공격성과 폭력성으로 나타날 수 있는지, 어떻게 예민한 유전자가 교감신경 차원의 스트레스를 통해 우울증을 유발할 수 있는지, 혹은 낮은 사회경제적 지위와 결합되어 인지 기능에 영향을 미칠 수 있는지를 확인했다. 도파민 유전자와 관련해서는 성장기 친구의 다양성이 성인기의 진보적 성향에 기여할 수 있으나 무관심한 부모 밑에서 양육되는 경우에는 도리어 반항심과 일탈을 유발할 수 있다는 것도 알아보았다.

이처럼 정치 성향과 관련된 유전자들의 발현은 처한 환경에 크게 좌우된다. 이는 젊은 보수와 나이 든 보수의 차이를 설명함에 있어서도 중요하다. 이들을 특징짓는 심리 기제인 사회 지배 지향성과 우익 권위주의는 유전학적 요인을 공유한다.[32-34] 유전형의 차원에서 보면 젊을 때 보수인 사람이 나이 들어서도 보수일 가능성이 높다는 말이다. 그럼에도 이 두 가지 보수가 다른 표현형으로 나타나는 이유는 유전자 외적인 환경의 차이 때문일 것이다.

노화에 따른 보수성은 개인의 후천적인 생물학적 변화에 기인한다. 즉, 바깥세상에 대한 신체적 대응의 둔화가 유전자에게는 환경의 변화로 감지되는 것이다. 다시 말해, 젊었을 때에 비해 상대적으로 더 위협적인 환경에 처하게 된 것이다. 젊은 남성의 보수성은 선천적인 생물학적 요인이 사회 구조적 환경에 반응해 나타나는 결과로 볼 수 있다. 즉, 이전 시대에 비해 상대적으로 더 경쟁적인 환경이 더 보수적인 표현형을 유도하는 것이다.

이것이 바로 1980년대부터 본격화된 신자유주의에 따라 재편된 경쟁 중심의 구조에 주목할 수밖에 없는 이유다. 이러한 환경은 생식 적령기 남성들의 번식 욕구와 관련된 신호 체계 본능을 자극한다. 앞서 이야기했듯이, 이러한 진화론적, 경제학적 신호 체계는 사회 지배 지향성으로 대변되는 위계적 사고방식과 능력주의적 가치관의 형성을 부추긴다. 게다가 치열한 경쟁에서 뒤처지거나 불안정한 위치에 놓인 남성들은 인지 자원의 결핍을 겪게 되고, 불확실한 상황에서 유발되는 인지적 편향에 취약해지며, 그 결과로서 더욱 강한 보수적 세계관에 사로잡힐 수 있다.

이러한 분석은 보수 성향과 진보 성향의 분포가 개인의 선천적이거나 후천적인 생물학적 요인들뿐 아니라 사회 구조적 환경에 따라서도 얼마든지 변할 수 있음을 시사한다. 이는 앞으로 우리가 어떤 문화적 정신에 따라 사회 구조와 환경을 구축하고 조성해 가는지에 따라 정치 성향의 전반적인 양상과 흐름 역시 달라질 수 있다는 중요한 통찰을 제공한다. 다음 장에서 살펴보는 바와 같이 인간의 정치 성향의 발현은 결국 문화적 맥락 안에서 나타나기 때문이다.

4장　보수의 환경

❝ 인간 정치성의 표현형을 만드는 공격적인 유전자, 예민한 유전자, 탐색 유전자 등은 경제를 비롯한 사회적 환경에 따라 다르게 발현된다. ❞

❝ 노화에 따른 보수성이 생존을 위협하는 개인의 생물학적 변화에 기인한다면, 젊은 남성들의 보수성은 번식을 향한 생물학적 본능이 경쟁적인 사회 환경에 반응해 나타나는 결과다. ❞

❝ 오늘날 젊은 남성들은 자신들의 자유를 권력에 종속시키는 신자유주의를 마치 절대적인 진리처럼 신봉한다. 결국 자신도 모르게 '자발적 노예'가 되어버린 이들은 스스로를 '비자발적 독신자'라 부르는 처지가 되었다. ❞

5장

보수의 문화
경쟁과 맹신과 배척의 본능들이 만든 세상

지금까지 보수라는 성향을 결정짓는 요소들을 심리학, 뇌과학, 유전학의 관점에서 분석해 보았다. 유전자와 사회 환경의 상호작용도 살펴보았다. 결론적으로, 보수는 생존과 번식이라는 본능에 충실한 유전적 요인들에서 출발한다. 이들은 주어진 환경에 따라 뇌 구조와 기능의 발달을 주관하고 인지 체계의 작동에 관여한다. 그리고 뇌인지 시스템은 외부 요인들에 반응해 심리적 기전을 구축한다. 이러한 외부 요인들은 과거에는 주로 자연적인 것들이었다가 점차 문화적인 것들로 대체되었을 것이다. 즉, 자연 세계를 대상으로 구축된 진화적 심리가 오늘날의 문화적 요소들을 대상으로 우익 권위주의나 사회 지배 지향성으로 발현되는 것이다. 결국 이것이 보수주의 문화를 형성하는 원동력이다.

예를 들어, 세상을 위협적이고 예측 불가능한 곳으로 인식하는 우익 권위주의 성향은 인류의 선조들이 자연 속에서 형성한 선험적 믿음에서 비롯한다. 실제로 자연은 하루하루 생존을 위협하는 위험한 곳이었고, 세상이 위험하다는 확고한 사전 믿음을 가진 베이지언 뇌가 생존에 유리했다. 주변의 위협에 맞서 편도체, 교감신경, 옥시토신 회로 등이 작동하며 싸움-도주 혹은 돌봄-방어 반응을 주도했다. 미지의 위험으로부터 개체를 보호하는 전략으로 도파민의 활성이 억제되었고, 이는 새로운 정보에 대한 개방성을 줄이며 보수적 베이지언을 형성했다. 고령층의 보수주의는 여기서 기원한 것으로 보인다.

세상을 치열한 경쟁이 벌어지는 정글로 인식하는 사회 지배 지향성 역시 자연에서 형성된 진화적 습성과 연결되어 있다. 자연에서는 강한 개체만이 살아남아 번식에 성공할 수 있었다. 생식을 끝내면 생을 마치는 많은 사례에서 볼 수 있듯이, 수컷들의 생존 목적은 값비싼 신호를 만들어 내고 과시함으로써 짝짓기에 성공하는 것이었고, 암컷들의 생존 목적은 정직한 신호를 제대로 감지해 우수한 유전자를 물려주는 것이었다. 신호 체계뿐 아니라 세로토닌을 통한 위계 구축과 페로몬에 의해 매개되는 성적 행동도 필수적이었다. 반면 전대상피질과 뇌섬엽의 불공정 감지 및 공감 기능은 번식 경쟁에서 성공하는 데 불필요한 요소들이었다. 신호 인식 본능에서 비롯된 내재성 휴리스틱은 능력주의적 가치관으로 이어졌고, 타인보다 우위에 서려는 지속적인 동기가 경쟁 사회를 만들고 이끌었을 것이다. 젊은 남성의 보수적 가치관은 여기서 유래한 것으로 보인다.

이와 같이 인간의 자연적 본능은 현대사회의 문화적 요소들에 반응해 보수를 특징짓는 심리 기제로 발전하고, 이것이 보수의 문화를 형성한다. 여기서 문화적 요소란 사회에서 흔히 보수와 진보를 가르는 기준이 되는 여러 가지 정책, 사안, 쟁점 등을 의미한다. 여기에는 경제 체제, 국제 관계, 이민 정책, 교육 철학, 종교, 과학기술, 성소수자 권리, 임신중지권, 페미니즘, 총기 규제 등이 포함된다.

그런데 정치 성향이 자연적 본능과 연결되어 있다면, 보수는 물론이고 그 반대편에 있는 진보 역시 인류의 보편적 특성으로 보아야 한다. 많은 이들이 보수나 진보가 지역, 사회, 민족, 국가 등에 따라 다르게 정의된다고 믿는 듯하다. 하지만 이 두 성향은 특정 집단에 국한되지 않으며, 심지어 시대를 초월해 일반화할 수 있는 보편적 개념이다. 물론 인간이 공유하는 본성과 본능이라고 할지라도 개인이 처한 역사적, 정치적 상황에 따라 다양한 형태로 드러날 수 있다. 그러나 이러한 외형적 차이만으로 보수나 진보를 규정할 수는 없다.

예컨대 대한민국 국민들에게 보수를 묘사해 보라고 하면 친미, 친일, 반공, 개신교 등이 떠오를 것이다. 그러나 이러한 말들로 '한국 보수'를 묘사할 수는 있어도 '보수 일반'을 정의할 수는 없다. 당연하게도 미국에서 친미, 일본에서 친일로 보수 성향을 묘사할 수는 없다. 친미와 친일은 한국의 정치 상황에서만 고유한 의미를 갖는다. 일제 강점과 6·25 전쟁 등을 겪으면서 일본이나 미국과의 관계가 한국의 근대사에서 중요하게 작용했기 때문이다. 그런데 사실 미국과 일본이라는 두 나라가 한국에서 가지는 의미는 상당히 다르다. 일본은 우리를 무력으로 침략하고 지배했던 국가이지만, 미국은 동맹국으로서 국방력뿐 아니라 기독교를 비롯한 문화의 전승, 경제적 원조 등 다양한 차원에서 영향력을 행사한 나라다.

하지만 친미와 친일을 강자에 대한 동경, 선망, 의존으로 일반화하면 어떨까. 그러면 이른바 '사대주의'라고 불리는, 강한 국가나 세력에 복종하거나 그들의 문화를 맹목적으로 받아들이는 보편적인 보수성이 대한민국의 특수한 역사적 상황과 맞물려 친미와 친일로 나타나는 것이라고 볼 수 있다. 그리고 이를 더 일반화하면, 비단 국가와 국가 간의 관계만이 아니라 모든 차원에서 힘의 논리를 따지고 따르는 것을 보수의 성향으로 이해할 수 있다.

반공은 어떠한가. 한국 보수 진영에서 매번 꺼내 드는 카드 중 하나가 '종북'이라는 표현이다. 북한의 이념인 주체사상을 옹호하거나 동조하는 성향을 일컫는 말이다. 하지만 이러한 정치적 공격도 북한이라는 적대 세력이 있는 남한에서나 통용되는 것이다. 북한과 직접적인 관련이 없는 다른 나라의 좌파들에게 종북이라는 비난은 통하지 않는다. 나라마다 보수와 진보가 다르게 정의된다고 생각하는 이들이 떠올리는 것도 바로 이러한 점이다. 반공이라는 정서는 오직 한국 보수 진영만의 특수한 특징이라고 여기는 것이다.

하지만 반공이라는 개념이 특정 정권 혹은 세력이 아니라 공산주의 이념 전체에 대한 반대를 뜻한다면 이야기가 달라진다. 2018년 필리핀의 로드리고 두테르테$^{Rodrigo\ Duterte}$ 대통령은 공산당을 테러리스트 집단으로 공식 지정하고 공산주의의 편에 선 좌파 진영 전체를 적으로 규정했다. 1950년대 초 미국 전역을 휩쓴 매카시즘^{McCarthyism}은 보수 정당인 공화당이 주도한 공산주의자 색출 열풍이었다. 맨해튼 프로젝트로 원자폭탄의 개발을 주도해 미국을 세계대전의 승자로 만든 로버트 오펜하이머$^{Robert\ Oppenheimer}$조차 이러한 사상 공격을 피해 가지 못했다. 물론 소련이 붕괴해 사라진 지금 미국 보수 진영에서 공산주의는 더 이상 중요한 이슈가 아니다. 그러나 상황의 특수성을 넘어 생각해 보면, 적어도 국내외로 공산당이나 공산주의 체제와 대립한 역사를 가진 정권이나 나라들에서 반공이 보수의 핵심 지향이라는 점은 분명해진다.

그렇다면 보수가 반대하는 것은 스탈린이나 김일성 가문과 같은 독재적인 정치 체제인가, 아니면 생산수단을 국가가 소유하는 공산주의라는 경제 체제인가? 미국과 한국을 비롯한 전 세계 대부분의 국가에서 진보 진영은 평등과 복지를 중시하는 사회주의 경제를 옹호하며, 보수 진영은 자본주의, 특히 자유시장 경제를 지지하는 것으로 나타난다. 사실 진보주의 경제학의 가장 큰 뿌리는 마르크스주의인데, 이는 보수적인 경제학파들과 대체로 대척점에 놓인다.

따라서 보다 보편적인 보수의 특성은 공산주의, 혹은 그것이 완화된 형태인 사회주의에 대한 반대라고 볼 수 있다. 다시 말해, 기본적으로 보수는 경제적 평등주의를 부정하고 능력주의를 정당하다고 여기는 사회 지배 지향성의 발현이라는 것이다. 그런데 미국과 한국의 경우에는 소련과 북한 정권을 실질적인 군사적 위협으로 인식하는 우익 권위주의 기반의 강한 반공 정서까지 가세했을 것이다. 즉,

두 나라의 특수한 역사적 맥락에서 반공은 보수의 두 심리 기제가 결합되어 나타난 것으로 볼 수 있다. 한편 소련 붕괴 이후 미국 보수 정권의 우익 권위주의는 주로 자신들과 다른 정치·종교 체제를 가진 핵무장 국가들을 향한다.

종교성, 내집단 우선주의, 성소수자 차별

개신교와 보수 성향의 관계도 근본주의 교파의 세력이 강한 미국과 그런 미국으로부터 영향을 받은 한국에서나 밀접할 것으로 여겨진다. 그러나 유럽이나 남미에서도 복음주의 개신교 정당은 대체로 우파 성향을 띤다. 개신교에 비해 가톨릭교는 종교보다 사회 참여로서의 성격이 강하며 진보적 성향을 가지는 것처럼 보이지만 그것도 어디까지나 상대적이다. 전 세계 30만 명을 대상으로 종교와 정치 성향을 설문조사 한 대규모 연구가 있다.[15] 그 결과를 보면, 그 종류를 불문하고 종교를 가진 이들이 종교가 없는 이들에 비해 보수 성향이 강하다는 것이 통계적으로 뚜렷하게 나타난다. 자신이 진보적이라고 생각할수록 높은 점수를 부여하는 상황에서 종교별로 정치 성향의 평균 점수는 다음과 같았다. 무신론자 1.70, 불가지론자 1.48, 유대교도 1.37, 불교도 1.26, 가톨릭교도 0.40, 개신교도 0.13. 이 조사에 포함되지 않았지만 이슬람교도 예외는 아니다. 이슬람 사회에서 종교적으로 원리주의 입장을 취하는 것은 보통 보수 세력이며, 종교적 폭력을 일삼는 과격한 단체들은 주로 극우 집단으로 나타난다.

그런데 기독교, 즉 개신교와 가톨릭교의 보수적 성향이 다른 종교에 비해 유별나게 강하다는 점은 눈여겨볼 만하다. 서문에서 언급했듯이 주요 보수 사상가들은 기독교를 그들의 핵심 세계관이라고 주장하는데, 사실 이는 지극히 역설적이다. 기독교 신앙의 궁극적인 대상인 예수의 발언과 실천은 당대의 종교적, 도덕적, 정치적 질서 자체를 근본부터 뒤흔드는 매우 급진적인 것들이었기 때문이다. 그뿐만 아니라 성서 전체를 관통하는 근본 정신인 '공의'는 사회적 약자를 중심에 둔 정치적, 경제적 정의 실현을 요구한다. 이처럼 예수의 행각과 성서의 내용은 우익 권위주의와 사회 지배 지향성의 발현인 보수주의 이념과 정면으로 충돌한다.

이러한 괴리가 생긴 것은 아마도 성서의 메시지를 왜곡해 종교적 제도로 고착시킨 기독교 교리가 인간의 종교적 본능을 가장 충실하게 충족했기 때문일 것이다. 세상 모든 일의 배후에 전지전능하고 인격적인 창조주와 그 섭리가 존재한다는 믿음은 행위자 탐지, 인과관계 추론, 마음 이론 등 인간의 진화된 심리 메커니즘과 절묘하게 부합한다. 기독교 교리는 이러한 심리 구조를 더욱 강화하는 방향으로 발전해 왔을 것이다.

한편, 종교적 색채가 옅고 세속화된 유럽에서 극우 정당들이 공유하는 반이슬람 기치는 종교에 대한 것이 아니라 무슬림이 주를 이루는 이민자들에 대한 것이다. 영국이 국민투표에서 브렉시트Brexit, 즉 유럽연합 탈퇴를 선택한 결정적인 이유는 다름 아닌 외국인 이주 노동자들에 대한 불만이 고조된 탓이었으며, 최근 스웨덴의 보수 정당이나 독일의 극우 정당이 지지를 얻은 것도 이러한 반이민 정서를 파고든 것이 유효했기 때문이다.

이민자들이 사회의 주요 구성원인 미국 역시 유럽 못지않게 이민 정책이 중요한 정치적 의제로 다루어진다. 대표적으로, 도널드 트럼프$^{Donald\ Trump}$ 미국 대통령은 재집권 시 불법 이민자 강제 추방 등 극단적인 반이민 정책을 추진하겠다고 선언했다. 반면 아직까지 한국은 이민 정책이나 인종 문제가 사회 쟁점으로 부각되지는 않고 있지만, 저출생에 대한 대책들이 마련되는 가운데 외국인의 비율이 늘어나 경제 활동의 주축으로 자리 잡다 보면 보수와 진보 진영 간의 인식 차이가 커다란 쟁점으로 떠오를 것이다.

그런데 앞서 말했듯이, 흑인 혐오는 외집단을 향한 단순한 배척을 넘어 피부색 자체에 대한 차별까지 결합된 현상으로 보인다. 색깔 차별이라는 이 현상을 순전히 교감신경과 행동면역계만으로 설명해 보자면, 여기에는 검은색을 불결함이나 비위생과 연관시키는 무의식적인 편견이 작용할 것으로 추정된다. 보수적 베이지언은 이를 하나의 우익 권위주의적 고정관념으로 만든다.

또한 성소수자나 백신에 대한 태도를 다루며 논의했듯이, 현대인의 편견은 문화적 요소에도 영향을 받는다. 사회 지배 지향성의 관점에서 보면, 백인이 주로 사는 나라는 부유하고 아프리카를 비롯한 흑인 국가들은 가난하다는 이미지가 부각된다. 이는 휴리스틱에 의해 내재적 능력의 차이로 해석된다. 즉, 흑인이 백인보다 열등하다는 편견으로 이어지는 것이다. 따라서 색깔 차별은 앞서 다룬 반공 정서와 흡사하게, 우익 권위주의와 사회 지배 지향성의 복합적인 작용에 의한 결과로 볼 수 있다.

한편, 보수의 배타적 민족주의는 단순히 폐쇄적인 이민 정책을 추구하는 것을 넘어서 국제 관계에서도 중요한 흐름을 만들어 낸다. 바로 반세계화와 자국 우선주의다. 대표적으로 트럼프 행정부는 주요 무역국들과 관세 전쟁을 벌이며, 파리기후협약과 세계보건기구를 탈퇴하고, 북대서양조약기구 회원국들의 방위비 분담금 증액을 요구하는 등 국제 협력을 무너뜨리는 여러 조치들을 취하고 있다.

미국만이 아니다. 유럽에서도 극우 정당들은 무역 협정, 금융 규제, 난민 정책 등과 관련해 유럽연합에 대한 회의론을 제기한다. 프랑스의 대표적 우파 정치인 마린 르펜$^{\text{Marine Le Pen}}$은 오늘날의 대립이 좌파와 우파 사이의 갈등이 아니라 국제주의자와 애국자 사이의 갈등이라고 주장한 바 있다. 국제주의자들이 거대한 세계적 용광로에서 희

석시키려 하는 프랑스를 국가라는 체제를 통해 보호하는 것이 바로 애국이라는 것이다.

이같이 민족주의로 나타나는 보수 성향은 우익 권위주의의 한 측면, 즉 옥시토신에 의해 매개되는 내집단 우선주의 혹은 지역적 이타주의로 설명된다. 앞서 설명한바, 이러한 성향은 도덕적 범주의 협소함과도 연관된다. 보수 성향이 강할수록 보편적인 인류애보다는 자신의 가족과 친구에 대한 사랑을 중시하는데, 이는 2012년 미국 대통령 선거에서 버락 오바마$^{Barack\ Obama}$와 맞붙은 공화당의 밋 롬니$^{Mitt\ Romney}$ 후보의 말에서 잘 드러난다. "오바마 대통령은 해수면 상승을 늦추고 지구를 치유하겠노라 약속합니다. 저의 약속은 여러분과 여러분의 가족을 돕겠다는 것입니다."

이민자 문제와 결을 같이하는 또 다른 쟁점은 여성에 대한 인식이다. 진보를 대표하는 조류 가운데 하나가 페미니즘인 것과 반대로, 보편적으로 보수는 여성 인권에 대한 인식 수준이 낮은 편이다. 젊은 보수 남성들의 주된 공격 대상 역시 여성과 페미니즘이다. 사회 지배 지향성의 관점에서 형성되는 남성 우월주의는 값비싼 신호와 정직한 신호로 이루어지는 번식 경쟁, 그리고 그러한 진화적 본능 아래 형성되는 내재성 휴리스틱과 능력주의 등을 통해 이해할 수 있다.

우익 권위주의는 전통적인 가부장적 성 역할에 근거해 남녀 차별을 용인할 것이다. 이를 시사하는 것이 임신중지권을 둘러싸고 미국 내 보수와 진보 간에 벌어지는 첨예한 갈등이다. 물론 기독교의 생명 윤리와도 얽혀 있겠지만, 사안이 여성의 출산 결정권이 아닌 남성의 결정권이었다면 보수 진영의 반대가 지금과 같이 격렬하지는 않았을 것이다. 이슬람에서 아직도 여성의 지위가 낮은 이란의 경우, 좌파와 비교해 우파는 여성의 사회 참여를 제한하는 입장을 더욱 강하게 고수한다. 한국도 마찬가지다. 여성특별위원회의 수립과 이후 여성부, 여성가족부, 그리고 성평등가족부로의 개편을 시행한 것은 모두 진보 정권이었고, 이 기구를 폐지하려 한 것은 보수 정권이었다.

이민자나 여성에 그치지 않고 성소수자의 인권을 존중하지 않거나 폄하하는 것도 보수의 공통적인 특성이다. 특히 기독교와 이슬람교를 포함해 창조주를 믿는 아브라함 계통의 종교에서 성소수자 혐오는 더욱 두드러진다. 성소수자는 레즈비언, 게이, 양성애자, 트랜스젠더 등을 포함하는데, 이러한 성적 정체성, 가치관, 문화 등은 이들 종교에서 창조 질서를 어지럽히는 죄악으로 간주된다. 한국의 개신교는 이러한 혐오에 기반해 성별, 인종, 장애를 포함하는 포괄적인 차별금지법조차 반대하는 것으로 악명 높다.

하지만 성소수자 혐오가 반드시 종교와 결부되는 것만은 아니다. 세계 여러 나라에서 주류 정치가 우경화되면서 성소수자에 대한 공격 또한 늘고 있다. 일본, 폴란드, 헝가리와 같이 근본주의적 기독교의 영향이 강하지 않은 곳에서도 성소수자들을 대상으로 대대적인 문화 전쟁을 벌이거나, 성소수자 없는 도시를 지정해 선포하거나, 전통적인 가족관을 수호한다는 명목하에 성소수자에 대한 차별적인 법을 집행하는 활동은 모두 우파 정치 세력의 몫이다.

반과학적 태도, 교권 강화 및 총기 소지 지지

보수가 과학을 불신하거나 반과학적인 태도를 보이는 경

향도 전 세계적인 현상이다. 앞서 설명했듯 보수적 베이지언은 음모론에 취약한데, 백신과 기후 변화 등 과학기술과 이론들이 흔히 음모론의 대상이 된다. 미국 공화당이 과학 정책과 투자에 미온적이라는 것도 잘 알려져 있다. 인간의 존엄성을 해칠 수 있다는 종교계의 우려를 빌미로 줄기세포 연구비 지원을 중단한 조지 W. 부시$^{George\ W.\ Bush}$ 정권이 한 예다. 트럼프 역시 보수주의의 이러한 태도를 지난 정권에서 집약적으로 보여주었고, 재집권하고 나서도 똑같은 행태를 반복하고 있다. 국립보건원, 질병통제예방센터, 식품의약국, 국립과학재단, 환경보호청, 국립해양대기청 등 여러 과학 기관에 대한 대규모 재정 삭감 및 직원 해고, 미 항공우주국의 달 착륙 계획 수정, 파리기후협약 탈퇴, 코로나19에 대한 주먹구구식 대응이 그러한 예들이다.

미국뿐 아니라 여러 다른 나라를 대상으로 한 조사에서도 동일한 결과를 얻는다. 보수 성향을 지닌 사람들이 과학자들에 대한 신뢰도가 낮고 반과학적인 태도를 지니는 비율이 높다는 것이 여러 연구를 통해 밝혀졌다. 68개국의 7만여 명을 대상으로 한 대규모 연구에서도 같은 경향이

발견되어 2025년《네이처 인간행동》에 발표되었다.[346]

 진보 진영에도 과학에 대한 거부감을 표출하는 이들이 있다. 하지만 이들은 주로 과학기술이 자본주의적 착취와 결탁되거나 환경에 미치는 부정적인 영향에 대한 우려의 입장을 보인다. 근래 들어 이러한 차이가 첨예하게 나타나는 이슈 가운데 하나가 바로 에너지 기술 정책인데, 보수 정권이 기존의 화석 연료와 원자력 발전 등이 더 경제적이라는 입장인 반면, 진보 성향의 정부는 친환경적인 재생에너지 기술의 개발과 확대에 적극적이다. 이러한 차이는 한국뿐 아니라 미국, 유럽, 일본 등지에서도 공통적으로 나타난다.

 이와 달리 보수의 태도는 개별적인 사안에 관한 것이 아니라 과학 혹은 과학자 전반에 대한 불신의 형태를 띠며, 새로운 기술 도입을 경계하는 우려의 목소리로 나타난다. 도파민의 약한 활성은 새로운 것에 대한 개방성을 저해할 수 있다. 또한 자연의 섭리를 토대로 하는 보수의 신념은 그 섭리를 거슬러 자연에 개입하고 자연을 조작하고 활용하는 과학과 근본적인 충돌을 일으킨다. 신기술이 초래할 수 있는 잠재적 위험과 그 영향의 예측 불가능성은 질서와 안정을 중시하는 우익 권위주의 성향과도 근본적으로 맞지 않는다. 실제로 우익 권위주의는 사회 지배 지향성보다도 확연하게 과학에 대한 불신을 보인다.[347]

교육에 대한 관점에서도 보수와 진보 진영은 서로 큰 차이를 보인다. 교육은 한 사회의 인적 자원을 양성하고 미래 세대의 가치관을 결정짓는 중요한 활동으로서, 양 진영 모두에서 중요한 사안으로 다룬다는 점에는 변함이 없다. 하지만 한국의 상황을 기준으로, 보수는 학생의 자율성보다는 교사의 권위를 더 우선시하며, 사회적 형평성을 고려하기보다는 학력 향상과 경쟁적인 교육에 보다 우호적이고, 따라서 평준화보다는 사교육을 포함한 개인의 선택의 권리를 더욱 중시한다. 한편 진보 진영에서 주로 지지하는 학생인권조례, 무상급식, 저소득층 학생 지원 등에 대해 보수는 소극적인 자세를 보인다.

보수와 진보 교육의 이러한 차이는 미국에서도 유사하게 나타난다. 진보주의에서는 학생의 흥미와 자발성을 중시하며, 현실적이고 실제적인 문제나 과제를 학생이 스스로 주도적으로 해결하는 방식의 학습을 선호한다. 반면 보수주의에서는 교사가 주도권을 가지고 언어, 문학, 수학, 과학, 경제, 역사와 같이 대대로 정통 학문이라고 여겨진 과목들을 기본부터 가르치는 방식을 중시한다. 이러한 특성은 권위, 질서, 전통을 강조하는 우익 권위주의의 일환으로 볼 수 있다.

보수가 교육 선택의 자유에, 진보가 학생 복지에 더 관심을 가진다는 점에서도 한국과 미국이 유사하다. 1960년대부터 미국에서는 교육 제도가 시장경제 원리에 벗어난다며 학교 선택권을 보장해야 한다는 움직임이 나타났다. 이는 결국 대표적인 보수인 레이건과 그 뒤를 이은 조지 H. W. 부시 George H. W. Bush 정권에서 본격적으로 도입되었다. 이러한 학교 선택권 정책의 핵심이 바로 프리드먼의 『선택할 자유』에서 비롯한 학교 바우처 school voucher 제도인데,[290] 이에 따르면 사립학교에 가고자 하는 학생은 정부로부터 바우처를 받아 등록금 대신 납부하게 되어 있다. 즉, 세금의 일부인 공적 자금으로 학교 선택권을 부여하는 것이다. 그러나 바우처 제도가 주로 종교계 사립학교에 진학하기 위한 도구로 쓰이면서 그 문제점이 드러나고 있다. 반대로 학교 급식 문제에 관심을 가진 것은 진보 진영이었다. 해리 트루먼$^{Harry\ Truman}$ 정권에서 시행한 '미국 학교 급식 법안'이나 오바마 정부의 '굶주림 없는 건강한 아이들을 위한 법안'이 대표적이다. 이러한 경향은 사회 지배 지향성의 차이로 해석할 수 있다.

지금까지 보수의 보편성을 설명했지만, 문화적 특수성을 띠는 사안도 있다. 대표적인 것이 미국 내 총기 규제다. 원래 미국인들은 종교, 언론, 출판, 집회의 자유와 마찬가지로 총기 소유를 헌법이 보장하는 당연한 권리로 받아들였다. 그러나 1960년대에 발생한 존 F. 케네디$^{John\ F.\ Kennedy}$ 대통령과 마틴 루터 킹$^{Martin\ Luther\ King}$ 목사 등 유명 인사들의 잇따른 암살 사건을 계기로 총기 규제는 국민적 관심의 대상이 되었다. 그러다 미국총기협회가 공화당의 레이건 후보를 지지하며 선거에 개입하면서부터 본격적인 정치적 사안으로 떠올랐다. 오늘날 총기 규제는 보수와 진보 간에 상당한 의견 차이를 보이는 첨예한 쟁점 중 하나다.

2023년 조사 결과에 따르면, 민주당 지지층에서는 84퍼센트가 총기 규제를 강화해야 한다는 입장인 반면 공화당 지지층에서는 이 수치가 31퍼센트에 불과하다. 한국에서 개인 총기 소지에 대한 논의가 벌어진다면 어떤 일이 일어질까? 총기 소지의 권리를 옹호하는 것이 보수가 지닌 보편적 특성에서 비롯되었다면, 분명 국내 보수 진영에서도 개인 총기 소지에 대한 찬성 비율이 높게 나타날 것이다.

우익 권위주의는 법과 질서를 중시하고 범죄에 대한 강력한 처벌을 지지한다. 이러한 관점에서 보면, 총기는 가정과 지역 사회의 안전과 질서를 유지하고 범죄와 싸우는 수단이다. 또한 보수는 인간 사회를 자연 상태로 보고 그것을 유지하고 싶어 하기에, 경쟁과 생존 능력이 우선시되는 현실을 받아들인다. 이런 관점에서 보면, 총기는 자기 보호 수단으로서 강한 자만이 살아남는다는 사회 지배 지향성 논리에도 부합한다.

강자 생존의 논리를 옹호하는 이러한 신념은 전반적인 사회 안전망 구축에 소홀한 태도에서도 엿볼 수 있다. 진보 정권이 재난 발생 시 국가 차원에서 조직적으로 대응하고 사회 전체가 연대할 것을 강조하며 선제적 재난 대응 시스템의 마련에 적극적인 데 비해, 보수 정권은 암묵적으로 국가의 책임을 최소화하고 개인에게 그 부담을 전가하는 경향을 보인다.

보수의 실체, 자연인

지금까지 보수의 여러 신념이나 특성을 보편적인 인간 본성의 관점에서 파악해 보고자 했다. 공산주의나 사회주의 경제 체제를 거부하고 자유시장 자본주의를 옹호하는 것은 보수의 매우 보편적인 입장이다. 전 세계 어디서나 대체로 보수가 종교적 성향이 강하다는 것과, 특히 기독교가 어떻게 보수주의의 핵심 사상으로 군림할 수 있었는지도 알아보았다. 성소수자 혐오, 여성 문제에 대한 낮은 인식도 보수의 공통점이다.

반이민 정서 역시 미국과 유럽 국가들의 보수 진영에 공통적으로 만연해 있다. 민족주의와 자국 우선주의도 마찬가지다. 과학기술에 대한 거부감이나 불신은 수많은 나라들을 대상으로 한 연구 결과들이 뒷받침한다. 평준화보다는 경쟁을 통한 학력 향상을, 학생의 자율성보다는 교사의 권위를 중시하는 보수의 공통적인 교육관은 한국과 미국을 중심으로 살펴보았다.

서문에서 지적했듯이, 겉보기에 전혀 관련 없어 보이는 광범위한 여러 사안들에 대해 보수는 일관된 입장을 보인다. 이는 그들 내면에서 일어나는 일을 이해하지 않고서는 쉽사리 납득하기 어려운 것이었다. 그러나 먼 과거 자연 속에서 생존과 번식에 성공하며 구축된 진화적 심리가 현대사회의 문화적 요소들에 반응해 발현되는 것을 보수라고 규정하면, 이 모든 현상은 하나의 흐름으로 연결된다. 휴리스틱과 보수적 베이지언, 신호 체계에 기반한 번식 전략과 같은 인지심리학적 요소들과, 편도체, 교감신경, 행동면역계, 싸움-도주 혹은 돌봄-방어 반응, 페로몬 시스템, 전대상피질, 뇌섬엽과 같은 신경생리학적 요인들, 그리고 옥시토신, 세로토닌, 도파민과 같은 신경전달물질들은 현대사회의 다양한 사안들에 반응해 사회 지배 지향성이나 우익 권위주의와 같은 심리 기제로 나타난다. 이러한 자연적 본능에 따르는 가치관을 지닌 자연인들이 만들어 낸 문화, 그것이 바로 오늘날 우리가 말하는 보수주의다.

5장 보수의 문화

❝ 보편적인 보수의 특징은 평등을 부정하고 자본주의적 경쟁을 옹호하는 사회 지배 지향성이다. 공산주의 정권을 군사적 위협으로 인식하는 우익 권위주의는 강한 반공 정서를 형성한다. ❞

❝ 성서의 내용을 왜곡해 교리로 고착시킨 기독교는 인간의 진화적 종교성을 충실하게 충족함으로써 보수의 핵심 사상으로 군림했다. 한편 과학에 대한 불신은 음모론 맹신으로 이어진다. ❞

❝ 배타적 민족주의는 도덕적 범주가 협소해 자신이 속한 집단으로 한정되기에 나타난다. 이민자, 여성, 성소수자에 대한 배척은 전 세계 우파 정권과 근본주의적 종교의 공통점이다. ❞

HOMO · CONSERVATIVUS

나가며:
그러면 진보란 무엇인가

보수를 어떻게 이해할 것인가에 대한 답을 찾기 위한 이 책의 여정은 극단적 보수주의를 군중심리나 신경정신질환과 비교하는 것에서 시작되었다. 스스로를 합리적이라 칭하는 중도 보수의 주장에도 이의를 제기했다. 그러면서 합리성은 단순히 정도가 아니라 이데올로기의 내용에 따라 판단해야 한다는 점을 강조했다. 이후 사회학, 심리학, 행동경제학과 같은 인문학 혹은 사회과학의 관점을 뇌과학, 유전자-환경 상호작용, 진화론과 같은 생물학의 언어로 번역해 보수주의의 실체를 본질부터 파헤쳐 보았다.

이렇게 여러 분야의 다양한 자료를 통합해 다다른 결론은 보수란 인간의 진화적 본성이자 그 본성에 기초한 태도와 신념이며, 그것이 사회 속에서 발현되어 만들어 내는 문화라는 것이다. 아리스토텔레스는 인간이 정치적 동물이라고 말했다. 정치적 동물로서의 인간은 기본적으로 호모 컨서버티버스$^{Homo\ conservativus}$, 즉 보수적 사피엔스^{sapiens}다. 호모 컨서버티버스의 모든 생각과 행동은 진화적인 관점에서 볼 때 다분히 합리적이다. 누군가 이들의 행동을 이해할 수 없다고 할 때, 그들에게 그 이해할 수 없음은 이해할 수 없는 일이다.

이들을 이해할 수 없다고 말하거나 비합리적이라고 보는 이들은 호모 리버럴리스$^{Homo\ liberalis}$, 즉 진보적 사피엔스다. 물론 여기서 말하는 호모 컨서버티버스와 호모 리버럴리스는 현존하는 생물학적 실재가 아닌 가상의 인간 종들이다. 현시대의 모든 사람을 그렇게 이분화할 수 있는 것도 아니다. 모든 호모 사피엔스는 컨서버티버스의 요소와 리버럴리스의 요소를 함께 가지고 있다.

과거로 거슬러 올라갈수록 컨서버티버스의 유전자형이

많았을 것이고, 사피엔스 집단 안에 오직 그런 유전자형만 존재하던 시대도 있었을 것이다. 그로부터 현재로 내려올수록 사피엔스 집단 안에 리버럴리스 유전자형의 빈도는 늘어날 것이다. 그 유전자형은 집단에 골고루 분포하는 것이 아니라, 누군가는 많이 지니고 있고 누군가는 적게 지니고 있을 것이다. 그리고 인류의 진화와 문명이 어떻게 펼쳐지는지에 따라 먼 미래에는 리버럴리스의 유전자형만 존재하는 인간 집단이 생겨날지도 모를 일이다.

사실 이는 진화에서 종의 분기가 이루어질 때 일어나는 일이다. 현존하는 동물 중 인간과 가장 가까운 동물은 침팬지다. 이는 침팬지가 인간의 조상이라는 착각을 유발하기 쉽지만, 굳이 비유하자면 침팬지는 인간의 조상이 아니라 형제다. 인간과 침팬지의 공통 조상은 수백만 년 전에 살았던 종으로서, 인간도 침팬지도 아니었다.

이들이 당시 지녔던 유전자형을 '조상형 ancestral allele'이라고 하며, 새로 발생한 유전자형을 '파생형 derived allele'이라고 한다. 먼 과거로 거슬러 올라가면 모든 개체가 조상형을 지닌 시점이 있고, 그로부터 현재로 내려올수록 집단 내 파생형의 빈도는 늘어난다. 파생형의 종류에 따라 어떤 계통은 인간으로, 또 어떤 계통은 침팬지로 진화한 것이다.

그렇게 지구상에 등장한 우리 호모 사피엔스는 다시 새로운 분기점 앞에 서 있다. 컨서버티버스가 지니고 있는 특성이 조상형이라면, 파생형의 비율이 늘어날수록 사피엔스는 리버럴리스에 가까워질 것이다. 리버럴리스가 지닌 파생형은 주로 새로운 것을 탐색하고 학습하고 해결하는 데 필요한 자질들을 설명한다. 이들은 자연 상태에서는 생존에 불리하거나 눈에 띄지 않았을 특성들이지만, 문명의 보호 속에서 살아남고, 나아가 문명의 발전과 함께 더욱 번창해 왔다. 그러므로 호모 사피엔스의 분기를 촉진하는 것은 자연선택이 아닌 문명의 발전이다. 문명은 리버럴리스를 낳고, 리버럴리스는 문명을 더욱 발전시키며, 더 고도화된 문명은 더 많은 리버럴리스를 탄생시킨다.

오늘날 우리가 말하는 진보적인 사람들은 리버럴리스에 더 가까운 호모 사피엔스들이다. 그리고 이들이 가진 파생형의 수에 따라 정치적 스펙트럼에서도 더 왼쪽에 위치한다. 또한 이들이 지닌 파생형의 종류에 따라 정치적 신념의 내용에도 차이가 날 수 있을 것이다. 여하튼 리버럴리스에 가까울수록 자신들의 뿌리인 컨서버티버스와는 다른 태도와 신념을 가질 것이다. 이들이 생각하는 합리성은 진화적 관점에서의 합리성과는 전혀 다른 것이다. 무엇이 합리적인지 아닌지를 판단할 때, 우리는 인지적 기준과 더불어 윤리적 기준에서 이 문제를 바라볼 수 있다. 즉, 논리적으로 올바르게 추론하는지, 그리고 도덕적으로 올바른 방식으로 사고하는지에 따라 합리성을 판단할 수 있을 것이다.

호모 리버럴리스의 도덕적 합리성은 '공정'이라는 이상으로 수렴한다. 이들이 도덕적으로 무언가 '잘못된' 상황을 마주할 때, 전대상피질과 뇌섬엽은 이를 모순이나 갈등의 형태로 감지해 오류 반응을 일으킨다. 마치 사회적 부조리나 불의를 탐지하는 경보 시스템처럼 작동하는 것이다. 또한 전대상피질과 뇌섬엽은 타인의 고통을 인식하고 공감하는 뇌신경 메커니즘을 제공한다. 이러한 뇌의 특성은 자신의 신념을 성찰하게 하고, 부조리로 인한 타인의 고통에 민감하게 반응하게 하며, 공정성을 수호하려는 강한 동기를 갖게 만든다. 불의에 맞서 투쟁을 불사하게끔 하는 이러한 기능은 위계에 순응하고 권력에 굴복하게 하는 세로토닌과 편도체의 세계와는 양립할 수 없다.

하지만 공감에는 또 다른 얼굴이 있다. 그것은 옥시토신에 의해 조절된다. 옥시토신 수용체의 한 유전자형은 편도체의 교감신경 활성을 강화한다. 이로 인해 타인에 대한 공감 능력과 신뢰 수준은 저하되고, 낯선 대상이나 외집단에 대한 불신을 바탕으로 하는 강한 방어 반응이 나타난다. 옥시토신 수용체의 다른 유전자형은 공감과 신뢰를 높이는 방향으로 작용하지만, 이러한 돌봄 반응은 주로 내집단을 향한 것으로 제한된다. 이러한 집단 이기주의는 자기 자신이나 혈연적으로 가까운 내집단 구성원들의 생존 가능성을 높이는 데는 효과적이었을 테지만, 오늘날 우리가 맞닥뜨린 문제, 즉 인류라는 궁극적인 공동체의 생존과 번영은 집단 이기주의로는 결코 실현될 수 없다.

한편 도파민 수용체의 파생형은 새로운 것을 추구하는 성향을 증가시킨다. 이는 인류의 역사에서 근래에 이르러서야 비로소 진화적 이득을 제한적으로 제공하기 시작했을 것이다. 현대사회에서도 부적절한 성장 환경과 상호작용할 경우 반항적인 태도나 일탈을 유도할 수 있다. 그렇다면 이런 질문을 던져볼 수 있다. 만약 현재의 체제가 뒤바뀌어 능력 경쟁보다 평등이 중시되고, 남성보다 여성이, 백인보다 흑인이, 이성애자보다 동성애자가 주류인 사회가 만들어진다면, 진보주의자들의 태도는 어떻게 바뀔까?

그렇게 뒤바뀐 체제가 오랜 시간 유지된다면, 현 체제에 반항하고 새로운 것을 추구하는 이들이 다시 옛 체제를 바라게 될까? 그렇지는 않을 것이다. 어떤 체제 아래에서도 이들이 지향하는 것은 공정성이기 때문이다. 타고난 능력, 성별, 인종, 성적 지향 등의 이유로 누군가가 다른 이들보다 우위에 서거나 차별을 받는 사회 구조는 공정성에 위배된다. 따라서 진보는 그저 기득권의 교체를 원하는 것이 아니라 특권 없는 구조를 지향하는 것이라고 보아야 한다.

공정이야말로 인간이 가질 수 있는 가장 근본적인, 어쩌면 유일한 도덕률인지도 모른다. 선악의 개념조차 없는 자연이라는 세계에서, 인간이 절대적으로 따라야 할 선이나 진리 따위는 없다. 결국 사회를 이루어 사는 개인들의 합의를 통해 도출되는 상대적 당위만이 존재할 뿐이다. 합의에 도달하는 데 가장 중요한 기준은 모든 이해 당사자에게 공정한 결과가 주어지는가 하는 것이다.

물론 절대자를 상정하는 종교의 가르침을 도덕의 기준으로 삼았던 시기도 있었다. 기독교가 지배적인 사상으로 군림하던 시대다. 하지만 그 경전인 성서의 밑바탕에는 '공의', 즉 신의 이름으로 선포하는 공정의 도덕률이 자리하고 있다. 미국 독립선언서는 다음과 같이 선언한다. "우리는 다음의 진리를 자명한 것으로 여긴다. 모든 사람은 평등하게 창조되었으며, 창조주로부터 생명, 자유, 그리고 행복 추구의 불가침권을 부여받았다." 모든 인간을 공정하게 대해야 한다고 말하는 데 창조주가 필요했던 것이다. "네 이웃을 네 몸과 같이 사랑하라"라는 성서의 가르침 역시 자기 자신에게 적용하는 기준을 타인에게도 동일하게 적용하라는 황금률을 말한다. 사랑은 유전자의 번식을 위해 작동하는, 이성 혹은 자식에 대한 감정적인 애착이 아니라 공정을 구현하기 위한 공동체적 덕목이라는 것이다.

성서는 약 1,500년에 걸쳐, 시대와 지역, 언어와 문화를 초월한 수많은 저자, 전승자, 편집자의 손을 거쳐 완성된

지적 유산이다. 이들은 각기 다른 상황 속에서 각자에게 주어진 어떤 공통된 사상의 파편들을 이름도 없이 기록하고 전한 것이다. 이러한 보편적 사상, 즉 성서의 정신이 어떻게 이들에게 일관되게 공유될 수 있었는지는 미스터리다. 반면 자명한 것은 그것이 인간의 역사에 유입된 경로가 바로 기독교라는 '과도기적' 매개체였다는 사실이다. 이제 우리는 원시적 종교성과 함께 기독교에 종말을 고하고 인류 유산으로서의 성서가 지닌 본래의 의미를 성찰해야 할 시점에 와 있다.

특히 주목할 점은 인간관의 차이다. 기독교가 존엄하게 창조된 인간을 말할 때, 성서는 공정하게 창조되어야 할 인간을 말한다. 우리가 도덕적 명제처럼 받아들이는 인간의 존엄성에 대한 신념은 사실 '너도 살고 나도 사는' 공정한 생존의 보장을 위한 합의에서 비롯된 윤리적 수단일 수 있다. 다시 말해, 인간의 존엄성은 인간들 사이의 공정한 관계를 정립하기 위해 고안된 개념이며, 그 신념 위에 우리의 모든 윤리 체계가 구축되어 온 것이다. 그렇다면 인권, 즉 인간으로서의 존엄을 유지하는 데 필요한 기본적인 권리들 역시 존 로크^{John Locke}가 주장한 자연권이 아니라, 도덕적 합의를 통해 도출한 사회적 구성물로 받아들여야 한다.

존엄성은 우리 안에 생물학적으로 내재하지 않고, 따라서 자연적으로 규정될 수 없다. 인간에게 존엄성이라는 것이 존재하는가 혹은 어떤 형태로 존재하는가는 철학적으로는 난제이겠지만, 생물학의 관점에서 보면 논란의 여지조차 없다. 우리의 몸을 아무리 샅샅이 파헤친다 한들 그 어디서도 존엄의 흔적이나 근거 따위는 찾을 수 없을 것이다. 신비에 싸여 추앙받는 인간의 뇌도 생존과 번식을 위해 진화한 1.4킬로그램짜리 세포 덩어리에 불과하다. 타고나는 자연적 인권 따위는 없다는 말이다.

오히려 인권은 인간이 합의해 도출한 사회적 개념이다. 역사가 이를 분명히 말해준다. UN 세계 인권 선언은 1948년에 발표되었다. 산발적으로 흩어져 있던 개별 인권 기준들을 국제적인 차원에서 처음 집대성한 것이다. 세계대전, 나치의 대규모 학살과 같은 참혹한 비극을 목도한 끝에 이루어진 일이다. 장폴 사르트르^{Jean-Paul Sartre}를 비롯한 실존주의 철학자들은 인간 존재의 본질적인 허무함을 사유하기 시작했지만, 그럼에도 사회는 인권이라는 개념을 지속적으로 발전시켜 왔다.

결국 인간의 존엄성에 대한 호소는 공정함을 향한 근원적인 갈망의 발현일 수 있다. 존엄하므로 공정이 필요한 것이 아니라, 공정하기 위해 존엄이 필요한 것이다. 그러므로 공정이 훼손되는 순간, 인간의 존엄이 지닌 허구성도 드러난다. 이것이 바로 신자유주의 사회에서 지금 벌어지고 있는 일이다. 구조화된 불평등이 해체하는 것은 다름 아닌 인간의 존엄성이다.

공정과 존엄의 관계가 이렇게 설정될 때, 우리는 사회 속 인간의 죽음에 대한 현실적인 인식도 수용할 수 있게 된다. 트랜스휴머니즘transhumanism과 같은 미래 기술은 인간의 수명을 획기적으로 연장하고자 한다. 그러나 공정성이 확보되지 않은 사회에서는 그 혜택이 소수에게만 집중되어, 다음 세대에 물려주어야 할 자원조차 제한될 것이다. 이때 생명의 존엄성은 오히려 불공정을 은폐하는 장치로 작동하게 된다. 공정을 실현하기 위해 존엄이라는 관념을 기꺼이 재구성하거나 포기할 수 있다면, 우리는 죽음의 자발적 선택을 윤리적으로 정당한 삶의 양식으로 받아들일 수 있을 것이다.

도덕적 합리성에 비해 인지적 합리성은 보다 명확하게 규정할 수 있다. 보수와 진보를 막론하고 오늘날을 살아가는 대부분의 현대인에게 과학적 사고가 곧 합리성의 기준이라는 것은 거의 부정할 수 없는 명제다. 그리고 이러한 과학적 사고를 구현하는 뇌의 작동 방식을 설명하는 개념이 바로 베이지언 뇌다. 베이지언 뇌는 세상에 대한 확률 모델을 기반으로 작동한다. 새로운 정보가 입력되면 기존의 사전 확률을 갱신해 사후 확률을 계산하고, 그에 따라 현실에 대한 인식을 조정해 나간다. 다시 말해, 합리적인 뇌를 가진 인간은 확률적 추론으로 세계를 이해하고, 새로운 증거를 반영해 자신의 세계관을 지속적으로 수정해 나가는 존재다. 베이지언 뇌가 사전 정보가 부족한 상황에서 새로운 정보를 처리하는 수행 능력이 바로 유동성 지능이다.

그러나 불확실한 상황에 놓인 실제 인간의 뇌는 이론에서 제시하는 합리적 모델처럼 작동하지 않는다. 위험한 자연과 치열한 경쟁 속에서 생존과 번식을 위해 형성된 진화적 습성, 그리고 가난과 같은 사회 구조적 불리함이 초래하는 인지적 부담 등의 요인들 때문이다. 특히 보수성을 띨수록 복잡한 계산을 생략하고, 빠르고 직관적인 판단을 가능하게 하는 휴리스틱에 더 많이 의존한다. 정확성은 무시하고 오직 인지적 종결 욕구만을 만족시키려는 것이다. 새로운 정보를 받아들일 때도, 이론값보다 훨씬 낮은 수준에서 기존 신념을 수정하는, 이른바 보수적 베이지언으로 행동한다. 문제는 스스로 자신의 인지 과정이 과학적 기준에서 벗어나 비합리적으로 작동하고 있다는 사실을 자각하지 못한 채, 마치 폐쇄 회로에 갇힌 것처럼 사고하고 행동하게 된다는 점이다.

오직 빠르게 결론에 도달하려는 휴리스틱과 기존 신념을 바꾸지 않고 그대로 활용하려는 보수적 베이지언은 일종의 인지적 나태함이다. 가난한 사람이 이러한 게으른 사고에 빠지게 되는 이유는 인지 자원의 부족 때문이다. 그러나 사회 구조적 요인을 무시한 채로 가난을 게으름의 문제로만 본다면 그것이야말로 진정 게으른 생각이다. 게으름은 가난의 원인이라기보다 가난의 결과다. 누군가는 경제적으로 누군가는 인지적으로 가난하다.

물론 인지적 가난에 대한 항변이 있을 수 있다. 경제적 가난이 사회 구조의 문제라면, 인지적 가난은 생물학의 문제가 아니냐는 것이다. 자연선택에 의한 진화에 따른 결과이기 때문이다. 그러나 실제 고통받는 쪽은 누구인가? 인지적으로 가난한 기득권의 비합리적인 의사 결정으로 고통받는 것은 경제적으로 가난한 이들이다. 하지만 이제 우리는 유전자의 발현이 사회 환경에도 영향을 받는다는 것을 안다. 사회 구조의 개선이 경제적 가난뿐 아니라 불확실성의 해소를 통해 인지적 가난의 문제도 해결할 수 있다는 말이다.

인지적 합리성에 관한 이러한 논의는 진정한 '사유'에 대한 앙리 베르그송$^{Henri\ Bergson}$과 질 들뢰즈$^{Gilles\ Deleuze}$의 고찰을 떠올리게 한다. 베르그송은 『사유와 운동』에서, 들뢰즈는 『차이와 반복』에서 사유에 대한 새로운 철학적 관점을 제시한다.[348, 349] 베르그송은 사유를 '지속^{durée}'이라는 시간적 흐름 속에서 파악했다. 인간의 의식은 정지된

논리 연산이 아니라 끊임없이 흐르는 삶의 리듬 속에서 형성되는 것으로서, 진정한 사유란 이러한 변화의 흐름을 포착하고 그에 반응하는 능력이라는 것이다. 들뢰즈에게 사유는 낯선 것에 의한 충격으로 촉발되는 것으로서, 차이를 계기로 인식의 전환이 일어나는 '사건^{événement}' 속에서 일어나는 운동이다. 다시 말해, 베이지언 뇌가 예측과 오차 수정의 반복을 통해 세계 모델을 갱신하듯, 들뢰즈의 사유는 반복 속에서 드러나는 차이에 반응하면서 자기 자신을 끊임없이 변형해 나가는 운동으로 나타난다.

이들이 말하는 사유는 고정된 진리, 유사성, 동일성을 중심으로 구성된 전통 형이상학적 사고와는 근본적으로 다르다. 그것은 익숙함에 도전하고, 고정된 사고 구조를 해체하며, 새로운 차이에 반응해 기존의 세계 인식을 재구성하는 창조적 행위다. 현실의 인간은 종종 기존 신념에 갇힌 보수적 베이지언으로 작동하지만, 이상적인 베이지언 뇌는 변하는 정보에 따라 내적 모델을 유연하게 수정해 가는 합리적 기제를 구현한다. 마찬가지로 베르그송과 들뢰즈의 사유는 인지의 폐쇄 회로를 뚫고 나와 사고 그 자체를 갱신하는 운동이라는 점에서 베이지언 모델의 이상적 지향과 맞닿아 있다.

따라서 이러한 철학적 사유는 베이지언 뇌의 편향적 작동을 극복할 수 있는 하나의 방안을 제시한다. 기계적이고 자동화된 인지적 휴리스틱을 중단하고, 사전 믿음에 매몰되지 않고 그것을 의심하게 함으로써 보수적 베이지언의 한계를 넘어서게 한다. 이는 곧 과학적 합리성의 더 깊은 실천이기도 하다. 단순히 과학 지식을 수용하는 것이 아니라 사유로써 자신의 인지 구조를 성찰하고, 비합리적 편향을 자각하며, 열린 인식 태도를 구축해 나가는 것이다.

이렇게 호모 리버럴리스는 공정과 사유라는 두 가지 차원의 합리성을 추구하며 진보의 길을 향해 나아간다. 앞서 언급했듯이, 호모 리버럴리스는 진화의 산물이 아니라 문명의 산물이다. 비록 그들의 유전적 파생형은 자연적으로 발생한 것이지만, 그것의 보존과 확산은 자연을 넘어서기 위한 능동적 창조 활동, 곧 문명의 산물에 의해 매개된 것이다. 이들은 자연의 힘에 구속된 노예 같은 존재가 아니라, 자연이 부여한 인간 조건으로부터 탈피해 스스로 세계를 만들어 새로운 인간 조건을 창조하는 존재들이다.

베르그송과 들뢰즈는 생명의 진화를 그들이 사유를 고찰한 것과 유사한 방식으로 바라보았다. 베르그송에게 노벨 문학상을 안긴 『창조적 진화』는 진화를 단순한 기계적 변화나 목적 지향적 과정으로 보지 않고, 지속이라는 시간적 흐름 속에서 전개되는 운동으로 파악했다.[350] 즉, 생명에 내재된 생의 약동$^{élan\ vital}$을 진화의 원동력으로 보며, 기존의 목적론적 진화론과 기계적 진화론을 모두 넘어서고자 했다.

이러한 베르그송의 철학을 가능성^{possibilité}과 잠재성^{virtualité}의 구분을 핵심 주제로 삼아 재해석한 것이 들뢰즈의 『베르그송주의』다.[351] 가능성은 어떤 일이 실제로 일어날 수 있는 일반적인 상태다. 이론적으로 가능하지만 실현 여부는 불확실하다. 스스로 실현시키는 내적인 힘이 존재하지 않기 때문이다. 가능성은 이미 형성된 구조에 따라 단순히 복제되고 재현되는 현실의 그림자에 불과하다. 가능성의 실현은 기존의 구조와 질서에 변화를 주지 못한다. 반면 잠재성은 어떤 것이 아직 드러나지 않았지만, 일정한 조건이 갖추어지면 현실화되는 힘을 갖춘 상태다. 역동적인 힘을 통해 차이를 생성해 낼 수 있는 창조의 장이다. 잠재성이 실현될 때 새로운 형태와 질서가 창출된다.

신다윈주의가 설명하는 진화는 고정된 유전학 메커니즘을 반복 구현하는 가능성의 실현에 불과하다. 무수한 경우의 수를 지닌 유전 정보는 가능성으로 존재하다가 여러 차원의 기계적 힘에 의해 특정한 개체들로 실현된다. 이것이 실제 생명 현상이며, 인간에게서 내재적 존엄성을 찾을 수 없는 이유이기도 하다. 그러나 베르그송과 들뢰즈가 이해한 생명은 이와 다르다. 그것은 살아 있는 시간 속에서 스스로 잠재성을 현실화하며 형질의 차이를 만들어 내는 역동적인 힘, 즉 창조적 진화의 주체다. 그러므로 이러한 진화는 결과가 아니라 과정, 목적이 아니라 실험, 경직된 메커니즘이 아니라 자유로운 운동인 것이다.

『창조적 진화』는 신다윈주의가 확립되기 훨씬 이전인 1907년에 발표된 저작이다. 베르그송과 들뢰즈의 사상은 깊은 통찰을 담고 있으나, 현대 과학이 규명한 생명과 진화의 실제 작동 방식과 조화를 이루기는 어렵다. 오히려 호모 리버럴리스가 걸어온 길, 그리고 앞으로 걸어가야 할 길이야말로 창조적 진화의 모습일지도 모른다. 생존과 번식만을 위해 무한 반복되는 기계적인 유전학 메커니즘에서 탈피해, 공정과 사유를 통해 진보하는 새로운 인류라는 잠재성을 현실화하고 있기 때문이다. 그러므로 창조적 진화, 그것은 곧 창조적 진보의 길이기도 하다.

주

1. Le Bon, G. (1895). *The Crowd: A Study of the Popular Mind (Psychologie des Foules)*.
2. Kirk, R. (1953). *The Conservative Mind*.
3. Kirk, R. (2019). *Russell Kirk's Concise Guide to Conservatism*.
4. Weber, M. (1904). *The Protestant Ethic and the Spirit of Capitalism (Die protestantische Ethik und der Geist des Kapitalismus)*.
5. Engels, F. (1884). *The Origin of the Family, Private Property and the State (Der Ursprung der Familie, des Privateigenthums und des Staats)*.
6. Jost, J. T., & Banaji, M. R. (1994). The role of stereotyping in system-justification and the production of false consciousness. *British Journal of Social Psychology*, *33*(1), 1–27. https://doi.org/10.1111/j.2044-8309.1994.tb01008.x
7. Jost, J. T. (2020). *A Theory of System Justification*.

8 de La Boétie, É. (1577). *Discourse on Voluntary Servitude (Discours de la servitude volontaire)*.

9 Broverman, I. K., Vogel, S. R., Broverman, D. M., Clarkson, F. E., & Rosenkrantz, P. S. (1972). Sex-role stereotypes: A Current appraisal. *Journal of Social Issues*, *28*(2), 59–78. https://doi.org/10.1111/j.1540-4560.1972.tb00018.x

10 Jost, J. T., Banaji, M. R., & Nosek, B. A. (2004). A Decade of System Justification Theory: Accumulated Evidence of Conscious and Unconscious Bolstering of the Status Quo. *Political Psychology*, *25*(6), 881–919. https://doi.org/10.1111/j.1467-9221.2004.00402.x

11 Correll, J., Park, B., Judd, C. M., & Wittenbrink, B. (2002). The police officer's dilemma: Using ethnicity to disambiguate potentially threatening individuals. *Journal of Personality and Social Psychology*, *83*(6), 1314–1329. https://doi.org/10.1037/0022-3514.83.6.1314

12 Spears, R., & Manstead, A. S. R. (1989). The social context of stereotyping and differentiation. *European Journal of Social Psychology*, *19*(2), 101–121. https://doi.org/10.1002/ejsp.2420190203

13 Hennes, E. P., Nam, H. H., Stern, C., & Jost, J. T. (2012). Not All Ideologies are Created Equal: Epistemic, Existential, and Relational Needs Predict System-Justifying Attitudes. *Social Cognition*, *30*(6), 669–688. https://doi.org/10.1521/soco.2012.30.6.669

14 Biedron, H. W., Reimer, N. K., & Balcetis, E. (2024). A systematic review of motivated system justification among youth. *Frontiers in Social Psychology*, *2*, 1440094. https://doi.org/10.3389/frsps.2024.1440094

15 Jost, J. T., Hawkins, C. B., Nosek, B. A., Hennes, E. P., Stern, C., Gosling, S. D., & Graham, J. (2014). Belief in a just God (and a just

society): A system justification perspective on religious ideology. *Journal of Theoretical and Philosophical Psychology*, *34*(1), 56–81. https://doi.org/10.1037/a0033220

16 Flannery, K., & Marcus, J. (2012). *The Creation of Inequality: How Our Prehistoric Ancestors Set the Stage for Monarchy, Slavery, and Empire*.

17 Nakagoshi, M., & Inamasu, K. (2023). The role of system justification theory in support of the government under long-term conservative party dominance in Japan. *Frontiers in Psychology*, *14*. https://doi.org/10.3389/FPSYG.2023.909022,

18 Caricati, L. (2019). Evidence of decreased system justification among extreme conservatives in non-American samples. *The Journal of Social Psychology*, *159*(6), 725–745. https://doi.org/10.1080/00224545.2019.1567455

19 Jost, J. T., & Hunyady, O. (2005). Antecedents and Consequences of System-Justifying Ideologies. *Current Directions in Psychological Science*, *14*(5), 260–265. https://doi.org/10.1111/j.0963-7214.2005.00377.x

20 Pratto, F., Sidanius, J., Stallworth, L. M., & Malle, B. F. (1994). Social dominance orientation: A personality variable predicting social and political attitudes. *Journal of Personality and Social Psychology*, *67*(4), 741–763. https://doi.org/10.1037/0022-3514.67.4.741

21 Sidanius, J., & Pratto, F. (1999). *Social Dominance: An Intergroup Theory of Social Hierarchy and Oppression*.

22 Adorno, T. W., Frenkel-Brunswik, E., Levinson, D., & Sanford, N. (1950). *The Authoritarian Personality*.

23 Altemeyer, B. (1981). *Right-Wing Authoritarianism*.

24 Duckitt, J., & Sibley, C. G. (2009). A Dual-Process Motivational

Model of Ideology, Politics, and Prejudice. *Psychological Inquiry*, *20*(2–3), 98–109. https://doi.org/10.1080/10478400903028540

25 Feldman, S., & Stenner, K. (1997). Perceived Threat and Authoritarianism. *Political Psychology*, *18*(4), 741–770. https://doi.org/10.1111/0162-895X.00077

26 Tybur, J. M., Inbar, Y., Aarøe, L., Barclay, P., Barlowe, F. K., De Barra, M., Beckerh, D. V., Borovoi, L., Choi, I., Choik, J. A., Consedine, N. S., Conway, A., Conway, J. R., Conway, P., Adoric, V. C., Demirci, D. E., Fernández, A. M., Ferreirat, D. C. S., Ishii, K., … Žezelj, I. (2016). Parasite stress and pathogen avoidance relate to distinct dimensions of political ideology across 30 nations. *Proceedings of the National Academy of Sciences of the United States of America*, *113*(44), 12408–12413. https://doi.org/10.1073/PNAS.1607398113

27 Thomsen, L., Green, E. G. T., & Sidanius, J. (2008). We will hunt them down: How social dominance orientation and right-wing authoritarianism fuel ethnic persecution of immigrants in fundamentally different ways. *Journal of Experimental Social Psychology*, *44*(6), 1455–1464. https://doi.org/10.1016/j.jesp.2008.06.011

28 Foucault, M. (1975). *Discipline and Punish: The Birth of the Prison (Surveiller et punir: Naissance de la prison)*.

29 Foucault, M. (1976). *The History of Sexuality Vol. 1: An Introduction (Histoire de la sexualité, Vol. 1 : La volonté de savoir)*.

30 Claessens, S., Fischer, K., Chaudhuri, A., Sibley, C. G., & Atkinson, Q. D. (2020). The dual evolutionary foundations of political ideology. *Nature Human Behaviour 2020 4:4*, *4*(4), 336–345. https://doi.org/10.1038/s41562-020-0850-9

31 Osborne, D., Costello, T. H., Duckitt, J., & Sibley, C. G. (2023). The psychological causes and societal consequences of authoritarianism. *Nature Reviews Psychology 2023 2:4*, *2*(4), 220–232. https://doi.org/10.1038/s44159-023-00161-4

32 Kleppestø, T. H., Czajkowski, N. O., Vassend, O., Røysamb, E., Eftedal, N. H., Sheehy-Skeffington, J., Kunst, J. R., & Thomsen, L. (2019). Correlations between social dominance orientation and political attitudes reflect common genetic underpinnings. *Proceedings of the National Academy of Sciences of the United States of America*, *116*(36), 17741–17746. https://doi.org/10.1073/PNAS.1818711116/-/DCSUPPLEMENTAL

33 Kleppesto, T. H., Czajkowski, N. O., Sheehy-Skeffington, J., Vassend, O., Roysamb, E., Eftedal, N. H., Kunst, J. R., Ystrom, E., & Thomsen, L. (2024). The genetic underpinnings of right-wing authoritarianism and social dominance orientation explain political attitudes beyond Big Five personality. *Journal of Personality*, *92*(6). https://doi.org/10.1111/JOPY.12921

34 Nacke, L., & Riemann, R. (2023). Two sides of the same coin? On the common etiology of Right-Wing Authoritarianism and Social Dominance Orientation. *Personality and Individual Differences*, *207*, 112160. https://doi.org/10.1016/J.PAID.2023.112160

35 Darwin, C. (1871). *The Descent of Man, and Selection in Relation to Sex*.

36 Wynne-Edwards, V. C. (1962). *Animal Dispersion in Relation to Social Behaviour*.

37 Smith, J. M. (1964). Group Selection and Kin Selection. *Nature*, *201*(4924), 1145–1147. https://doi.org/10.1038/2011145a0

38 Hamilton, W. D. (1964). The genetical evolution of social behaviour. I. *Journal of Theoretical Biology*, *7*(1), 1–16. https://doi.org/10.1016/0022-5193(64)90038-4

39 Hamilton, W. D. (1964). The genetical evolution of social behaviour. II. *Journal of Theoretical Biology*, *7*(1), 17–52. https://doi.org/10.1016/0022-5193(64)90039-6

40 Williams, G. C. (1966). *Adaptation and Natural Selection*.

41 Wilson, E. O. (1975). *Sociobiology: The New Synthesis*.

42 Dawkins, R. (1976). *The Selfish Gene*.

43 Chitty, D. (1996). *Do Lemmings Commit Suicide?: Beautiful Hypotheses and Ugly Facts*.

44 Pennisi, E. (2019). Once considered outlandish, the idea that plants help their relatives is taking root. *Science (New York, N.Y.)*.

45 Bais, H. P. (2015). Shedding light on kin recognition response in plants. *New Phytologist*, *205*(1), 4–6. https://doi.org/10.1111/nph.13155

46 Dudley, S. A., & File, A. L. (2007). Kin recognition in an annual plant. *Biology Letters*, *3*(4), 435–438. https://doi.org/10.1098/rsbl.2007.0232

47 Crepy, M. A., & Casal, J. J. (2015). Photoreceptor-mediated kin recognition in plants. *New Phytologist*, *205*(1), 329–338. https://doi.org/10.1111/nph.13040

48 López Pereira, M., Sadras, V. O., Batista, W., Casal, J. J., & Hall, A. J. (2017). Light-mediated self-organization of sunflower stands increases oil yield in the field. *Proceedings of the National Academy of Sciences*, *114*(30), 7975–7980. https://doi.org/10.1073/pnas.1618990114

49 Torices, R., Gómez, J. M., & Pannell, J. R. (2018). Kin discrimination allows plants to modify investment towards pollinator attraction.

Nature Communications, *9*(1), 2018. https://doi.org/10.1038/s41467-018-04378-3

50 Wilson, E. O. (1998). *Consilience: The Unity of Knowledge*.

51 Boyer, P. (2001). *Religion Explained: The Evolutionary Origins of Religious Thought*.

52 Mooney, C. (2012). *The Republican Brain: The Science of Why They Deny Science--and Reality*.

53 Garrett, R. K., & Bond, R. M. (2021). Conservatives' susceptibility to political misperceptions. *Science Advances*, *7*(2), eabf1234. http://doi.org/10.1126/sciadv.abf1234

54 Tversky, A., & Kahneman, D. (1974). Judgment under Uncertainty: Heuristics and Biases. *Science (New York, N.Y.)*, *185*(4157), 1124–1131. https://doi.org/10.1126/SCIENCE.185.4157.1124

55 Kahneman, D., & Tversky, A. (1979). Prospect theory: An analysis of decision under risk. *Econometrica*, *47*, 263–291. https://doi.org/10.2307/1914185

56 Korn, C. W., & Bach, D. R. (2018). Heuristic and optimal policy computations in the human brain during sequential decision-making. *Nature Communications*, *9*(1), 325. https://doi.org/10.1038/S41467-017-02750-3

57 Khader, P. H., Pachur, T., Meier, S., Bien, S., Jost, K., & Rösler, F. (2011). Memory-based decision-making with heuristics: evidence for a controlled activation of memory representations. *Journal of Cognitive Neuroscience*, *23*(11), 3540–3554. https://doi.org/10.1162/JOCN_A_00059

58 Skagerlund, K., Skagenholt, M., Hamilton, J. P., Slovic, P., & Västfjäll,

D. (2021). Investigating the Neural Correlates of the Affect Heuristic Using Functional Magnetic Resonance Imaging. *Journal of Cognitive Neuroscience*, *33*(11), 2265–2278. https://doi.org/10.1162/JOCN_A_01758

59 Miller, A. L., Krochik, M., & Jost, J. T. (2009). Political ideology and persuasion: Systematic and heuristic processing among liberals and conservatives. *Yale Review of Undergraduate Research in Psychology*, *1*, 14–28.

60 Kruglanski, A. W., & Webster, D. M. (1996). Motivated closing of the mind: 'seizing' and 'freezing'. *Psychological Review*, *103*(2), 263–283. https://doi.org/10.1037/0033-295X.103.2.263

61 Chirumbolo, A., Areni, A., & Sensales, G. (2004). Need for cognitive closure and politics: Voting, political attitudes and attributional style. *International Journal of Psychology*, *39*(4), 245–253. https://doi.org/10.1080/00207590444000005

62 Van Hiel, A., Pandelaere, M., & Duriez, B. (2004). The impact of need for closure on conservative beliefs and racism: differential mediation by authoritarian submission and authoritarian dominance. *Personality & Social Psychology Bulletin*, *30*(7), 824–837. https://doi.org/10.1177/0146167204264333

63 Cimpian, A., & Salomon, E. (2014). The inherence heuristic: an intuitive means of making sense of the world, and a potential precursor to psychological essentialism. *The Behavioral and Brain Sciences*, *37*(5), 461–480. https://doi.org/10.1017/S0140525X13002197

64 Hussak, L. J., & Cimpian, A. (2018). Memory accessibility shapes explanation: Testing key claims of the inherence heuristic account.

Memory & Cognition, *46*(1), 68–88. https://doi.org/10.3758/S13421-017-0746-8

65   Watts, D. J. (2011). *Everything is Obvious: Once You Know the Answer*.

66   Gneezy, A., Gneezy, U., & Lauga, D. O. (2014). A Reference-Dependent Model of the Price–Quality Heuristic. *Journal of Marketing Research*, *51*(2), 153–164. https://doi.org/10.1509/jmr.12.0407

67   Hussak, L. J., & Cimpian, A. (2015). An early-emerging explanatory heuristic promotes support for the status quo. *Journal of Personality and Social Psychology*, *109*(5), 739–752. https://doi.org/10.1037/PSPA0000033

68   Renoux, M., Goudeau, S., Alexopoulos, T., Bouquet, C. A., & Cimpian, A. (2024). The inherence bias in preschoolers' explanations for achievement differences: replication and extension. *NPJ Science of Learning*, *9*(1). https://doi.org/10.1038/S41539-024-00218-W

69   Young, M. (1958). *The Rise of the Meritocracy*.

70   Sandel, M. (2020). *The Tyranny of Merit: What's Become of the Common Good?*

71   Hadden, I. R., Darnon, C., Doyle, L., Easterbrook, M. J., Goudeau, S., & Cimpian, A. (2025). Why the belief in meritocracy is so pervasive. *Trends in Cognitive Sciences*, *29*(2). https://doi.org/10.1016/J.TICS.2024.12.008

72   Darwin, C. (1859). *On the Origin of Species by Means of Natural Selection, or the Preservation of Favoured Races in the Struggle for Life*. John Murray.

73   Zahavi, A. (1975). Mate selection—A selection for a handicap. *Journal of Theoretical Biology*, *53*(1), 205–214. https://doi.org/10.1016/0022-

5193(75)90111-3

74 Zahavi, A. (1977). The cost of honesty (further remarks on the handicap principle). *Journal of Theoretical Biology*, *67*(3), 603–605. https://doi.org/10.1016/0022-5193(77)90061-3

75 Grafen, A. (1990). Biological signals as handicaps. *Journal of Theoretical Biology*, *144*(4), 517–546. https://doi.org/10.1016/S0022-5193(05)80088-8

76 Zahavi, A., & Zahavi, A. (1997). *The Handicap Principle: A Missing Piece of Darwin's Puzzle*.

77 Johnstone, R. A. (1997). The Evolution of Animal Signals. In J. R. Krebs & N. B. Davies (Eds.), *Behavioural Ecology: An Evolutionary Approach, 4th Edition* (pp. 155–178).

78 Smith, J. M., & Harper, D. (2003). *Animal Signals*.

79 Dawkins, R., & Krebs, J. R. (1978). Animal Signals: Information or Manipulation? In *Behavioural Ecology: An Evolutionary Approach* (pp. 282–309).

80 Weaver, R. J., Koch, R. E., & Hill, G. E. (2017). What maintains signal honesty in animal colour displays used in mate choice? *Philosophical Transactions of the Royal Society B: Biological Sciences*, *372*(1724), 20160343. https://doi.org/10.1098/rstb.2016.0343

81 Loyau, A., Saint Jalme, M., Cagniant, C., & Sorci, G. (2005). Multiple sexual advertisements honestly reflect health status in peacocks (Pavo cristatus). *Behavioral Ecology and Sociobiology*, *58*(6), 552–557. https://doi.org/10.1007/s00265-005-0958-y

82 Buchholz, R. (1995). Female choice, parasite load and male ornamentation in wild turkeys. *Animal Behaviour*, *50*(4), 929–943.

https://doi.org/10.1016/0003-3472(95)80095-6

83   Buchholz, R., Jones Dukes, M. D., Hecht, S., & Findley, A. M. (2004). Investigating the turkey's 'snood' as a morphological marker of heritable disease resistance. *Journal of Animal Breeding and Genetics, 121*(3), 176–185. https://doi.org/10.1111/j.1439-0388.2004.00449.x

84   Miller, G. (2000). *The Mating Mind: How Sexual Choice Shaped the Evolution of Human Nature*.

85   Miller, G. (2000). Mental traits as fitness indicators. Expanding evolutionary psychology's adaptationism. *Annals of the New York Academy of Sciences, 907*, 62–74. https://doi.org/10.1111/J.1749-6632.2000.TB06616.X

86   Miller, G. (2009). *Spent: Sex, Evolution, and the Secrets of Consumerism*.

87   Veblen, T. (1899). *The Theory of the Leisure Class: An Economic Study in the Evolution of Institutions*.

88   Spence, M. (1973). Job Market Signaling. *The Quarterly Journal of Economics, 87*(3), 355–374. https://doi.org/10.2307/1882010

89   Gardner, J. L. (2019). Optimality and heuristics in perceptual neuroscience. *Nature Neuroscience, 22*(4), 514–523. https://doi.org/10.1038/S41593-019-0340-4

90   Bayes, T. (1763). An Essay towards solving a Problem in the Doctrine of Chances. *Philosophical Transactions of the Royal Society of London, 53*, 370–418.

91   Rao, R. P. N., & Ballard, D. H. (1999). Predictive coding in the visual cortex: A functional interpretation of some extra-classical receptive-field effects. *Nature Neuroscience, 2*(1), 79–87. https://doi.org/10.1038/4580

92   Knill, D. C., & Pouget, A. (2004). The Bayesian brain: the role of

uncertainty in neural coding and computation. *Trends in Neurosciences*, *27*(12), 712–719. https://doi.org/10.1016/J.TINS.2004.10.007

93 Friston, K. (2010). The free-energy principle: a unified brain theory? *Nature Reviews. Neuroscience*, *11*(2), 127–138. https://doi.org/10.1038/NRN2787

94 Pouget, A., Beck, J. M., Ma, W. J., & Latham, P. E. (2013). Probabilistic brains: knowns and unknowns. *Nature Neuroscience*, *16*(9), 1170–1178. https://doi.org/10.1038/NN.3495

95 Bottemanne, H. (2025). Bayesian brain theory: Computational neuroscience of belief. *Neuroscience*, *566*, 198–204. https://doi.org/10.1016/J.NEUROSCIENCE.2024.12.003,

96 Körding, K. P., & Wolpert, D. M. (2004). Bayesian integration in sensorimotor learning. *Nature*, *427*(6971), 244–247. https://doi.org/10.1038/NATURE02169

97 Edwards, W. (1982). Conservatism in human information processing. In D. Kahneman, P. Slovic, & A. Tversky (Eds.), *Judgment under Uncertainty: Heuristics and Biases* (pp. 359–369).

98 Holt, C. A., & Smith, A. M. (2009). An update on Bayesian updating. *Journal of Economic Behavior & Organization*, *69*(2), 125–134. https://doi.org/10.1016/J.JEBO.2007.08.013

99 Corner, A., Harris, A. J. L., & Hahn, U. (2010). Conservatism in belief revision and participant skepticism. In S. Ohlsson & R. Catrambone (Eds.), *Proceedings of the 32nd Annual Meeting of the Cognitive Science Society* (pp. 1625–1630). Cognitive Science Society.

100 Howe, P. D. L., Perfors, A., Walker, B., Kashima, Y., & Fay, N. (2022). Base rate neglect and conservatism in probabilistic reasoning: Insights

from eliciting full distributions. *Judgment and Decision Making*, *17*(5), 962–987. https://doi.org/10.1017/S1930297500009281

101 Achtziger, A., Alós-Ferrer, C., Hügelschäfer, S., & Steinhauser, M. (2012). The neural basis of belief updating and rational decision making. *Social Cognitive and Affective Neuroscience*, *9*(1), 55. https://doi.org/10.1093/SCAN/NSS099

102 Bullock, J. G. (2009). Partisan Bias and the Bayesian Ideal in the Study of Public Opinion. *The Journal of Politics*, *71*(3), 1109–1124. https://doi.org/10.1017/S0022381609090914

103 Faulkner, J., Schaller, M., Park, J. H., & Duncan, L. A. (2004). Evolved Disease-Avoidance Mechanisms and Contemporary Xenophobic Attitudes. *Group Processes & Intergroup Relations*, *7*(4), 333–353. https://doi.org/10.1177/1368430204046142

104 Schaller, M., & Park, J. H. (2011). The Behavioral Immune System (and Why It Matters). *Current Directions in Psychological Science*, *20*(2), 99–103. https://doi.org/10.1177/0963721411402596

105 Murray, D. R., Prokosch, M. L., & Airington, Z. (2019). PsychoBehavioroimmunology: Connecting the Behavioral Immune System to Its Physiological Foundations. *Frontiers in Psychology*, *10*, 200. https://doi.org/10.3389/fpsyg.2019.00200

106 Haidt, J., Rozin, P., Mccauley, C., & Imada, S. (1997). Body, Psyche, and Culture: The Relationship between Disgust and Morality. *Psychology and Developing Societies*, *9*(1), 107–131. https://doi.org/10.1177/097133369700900105

107 Amodio, D. M. (2008). The social neuroscience of intergroup relations. *European Review of Social Psychology*, *19*(1), 1–54. https://doi.

org/10.1080/10463280801927937

108 Kelly, D. R. (2011). *Yuck! The Nature and Moral Significance of Disgust.*

109 Harris, L. T., & Fiske, S. T. (2006). Dehumanizing the lowest of the low: neuroimaging responses to extreme out-groups. *Psychological Science, 17*(10), 847–853. https://doi.org/10.1111/J.1467-9280.2006.01793.X

110 O'Brien, G. V. (2003). Indigestible Food, Conquering Hordes, and Waste Materials: Metaphors of Immigrants and the Early Immigration Restriction Debate in the United States. *Metaphor and Symbol, 18*(1), 33–47. https://doi.org/10.1207/S15327868MS1801_3

111 Greenwald, A. G., & Banaji, M. R. (1995). Implicit social cognition: Attitudes, self-esteem, and stereotypes. *Psychological Review, 102*(1), 4–27. https://doi.org/10.1037/0033-295X.102.1.4

112 Greenwald, A. G., McGhee, D. E., & Schwartz, J. L. K. (1998). Measuring individual differences in implicit cognition: The implicit association test. *Journal of Personality and Social Psychology, 74*(6), 1464–1480. https://doi.org/10.1037/0022-3514.74.6.1464

113 Schaller, M., Park, J. H., & Mueller, A. (2003). Fear of the Dark: Interactive Effects of Beliefs about Danger and Ambient Darkness on Ethnic Stereotypes. *Personality and Social Psychology Bulletin, 29*(5), 637–649. https://doi.org/10.1177/0146167203029005008

114 Banaji, M. R., & Greenwald, A. G. (2013). *Blindspot: Hidden Biases of Good People.*

115 Clark, K. B., & Clark, M. P. (1947). Racial identification and preference in Negro children. In M. Newcomb & E. L. Hartley (Eds.), *Readings in Social Psychology* (pp. 169–178).

116 Norwood, K. J. (Ed.). (2014). *Color matters: Skin tone bias and the myth of a postracial America.*

117 Szymkow, A., Frankowska, N., & Galasinska, K. (2021). Testing the Disgust-Based Mechanism of Homonegative Attitudes in the Context of the COVID-19 Pandemic. *Frontiers in Psychology, 12.* https://doi.org/10.3389/fpsyg.2021.647881

118 van Leeuwen, F., Inbar, Y., Petersen, M. B., Aarøe, L., Barclay, P., Barlow, F. K., de Barra, M., Becker, D. V., Borovoi, L., Choi, J., Consedine, N. S., Conway, J. R., Conway, P., Adoric, V. C., Demirci, E., Fernández, A. M., Ferreira, D. C. S., Ishii, K., Jakšić, I., ... Tybur, J. M. (2023). Disgust sensitivity relates to attitudes toward gay men and lesbian women across 31 nations. *Group Processes & Intergroup Relations, 26*(3), 629–651. https://doi.org/10.1177/13684302211067151

119 Bettinsoli, M. L., Suppes, A., & Napier, J. L. (2020). Predictors of Attitudes Toward Gay Men and Lesbian Women in 23 Countries. *Social Psychological and Personality Science, 11*(5), 697–708. https://doi.org/10.1177/1948550619887785

120 Kiss, M. J., Morrison, M. A., & Morrison, T. G. (2020). A Meta-Analytic Review of the Association Between Disgust and Prejudice Toward Gay Men. *Journal of Homosexuality, 67*(5), 674–696. https://doi.org/10.1080/00918369.2018.1553349

121 Crandall, C. S., Glor, J., & Britt, T. W. (1997). AIDS-Related Stigmatization: Instrumental and Symbolic Attitudes. *Journal of Applied Social Psychology, 27*(2), 95–123. https://doi.org/10.1111/j.1559-1816.1997.tb00625.x

122 Pachankis, J. E., Hatzenbuehler, M. L., Hickson, F., Weatherburn, P.,

Berg, R. C., Marcus, U., & Schmidt, A. J. (2015). Hidden from health: structural stigma, sexual orientation concealment, and HIV across 38 countries in the European MSM Internet Survey. *AIDS*, *29*(10), 1239–1246. https://doi.org/10.1097/QAD.0000000000000724

123 Jost, J. T., & Thompson, E. P. (2000). Group-based dominance and opposition to equality as independent predictors of self-esteem, ethnocentrism, and social policy attitudes among african americans and european americans. *Journal of Experimental Social Psychology*, *36*(3), 209–232. https://doi.org/10.1006/JESP.1999.1403

124 Jost, J. T., Burgess, D., & Mosso, C. O. (2001). Conflicts of legitimation among self, group, and system: The integrative potential of system justification theory. In J. T. Jost & B. Major (Eds.), *The psychology of legitimacy: Emerging perspectives on ideology, justice, and intergroup relations* (pp. 363–388).

125 Levin, S., Sidanius, J., Rabinowitz, J. L., & Federico, C. (1998). Ethnic identity, legitimizing ideologies, and social status: A matter of ideological asymmetry. *Political Psychology*, *19*(2), 373–404. https://doi.org/10.1111/0162-895X.00109

126 Leyens, J. P., Cortes, B., Demoulin, S., Dovidio, J. F., Fiske, S. T., Gaunt, R., Paladino, M. P., Rodriguez-Perez, A., Rodriguez-Torres, R., & Vaes, J. (2003). Emotional prejudice, essentialism, and nationalism: The 2002 Tajfel lecture. *European Journal of Social Psychology*, *33*(6), 703–717. https://doi.org/10.1002/EJSP.170

127 Blank, T., & Schmidt, P. (2003). National Identity in a United Germany: Nationalism or Patriotism? An Empirical Test with Representative Data. *Political Psychology*, *24*, 289–312. https://www.

jstor.org/stable/3792352

128 Inbar, Y., Pizarro, D., Iyer, R., & Haidt, J. (2012). Disgust Sensitivity, Political Conservatism, and Voting. *Social Psychological and Personality Science*, 3(5), 537–544. https://doi.org/10.1177/1948550611429024

129 Hibbing, J. R., Smith, K. B., & Alford, J. R. (2014). Differences in negativity bias underlie variations in political ideology. *Behavioral and Brain Sciences*, 37(3), 297–307. https://doi.org/10.1017/S0140525X13001192,

130 Cannon, W. (1915). *Bodily changes in pain, hunger, fear, and rage*.

131 Cannon, W. (1932). *Wisdom of the Body*.

132 Oxley, D. R., Smith, K. B., Alford, J. R., Hibbing, M. V., Miller, J. L., Scalora, M., Hatemi, P. K., & Hibbing, J. R. (2008). Political attitudes vary with physiological traits. *Science (New York, N.Y.)*, 321(5896), 1667–1670. https://doi.org/10.1126/SCIENCE.1157627

133 Kanai, R., Feilden, T., Firth, C., & Rees, G. (2011). Political orientations are correlated with brain structure in young adults. *Current Biology*, 21(8), 677–680. https://doi.org/10.1016/j.cub.2011.03.017

134 Schreiber, D., Fonzo, G., Simmons, A. N., Dawes, C. T., Flagan, T., Fowler, J. H., & Paulus, M. P. (2013). Red Brain, Blue Brain: Evaluative Processes Differ in Democrats and Republicans. *PLoS ONE*, 8(2), e52970. https://doi.org/10.1371/journal.pone.0052970

135 Yang, S. E., Wilson, J. D., Lu, Z.-L., & Cranmer, S. (2022). Functional connectivity signatures of political ideology. *PNAS Nexus*, 1(3), 1–11. https://doi.org/10.1093/pnasnexus/pgac066

136 Hannah Nam, H., Jost, J. T., Kaggen, L., Campbell-Meiklejohn, D., & Van Bavel, J. J. (2018). Amygdala structure and the tendency to regard

the social system as legitimate and desirable. *Nature Human Behaviour*, *2*(2), 133–138. https://doi.org/10.1038/s41562-017-0248-5

137 Balagtas, J. P. M., Tolomeo, S., Ragunath, B. L., Rigo, P., Bornstein, M. H., & Esposito, G. (2023). Neuroanatomical correlates of system-justifying ideologies: a pre-registered voxel-based morphometry study on right-wing authoritarianism and social dominance orientation. *Royal Society Open Science*, *10*(3). https://doi.org/10.1098/RSOS.230196

138 Cox, C. L., Jost, J. T., Castellanos, F. X., Milham, M. P., Kelly, C., & Van Bavel, J. J. (2012). Individual differences in political orientation are reflected in the intrinsic functional organization of the human brain. *Poster Presented at the 5th Annual Meeting of the Social and Affective Neuroscience Society, New York, NY*.

139 Newman-Norlund, R., Burch, J., & Becofsky, K. (2013). Human Mirror Neuron System (hMNS) Specific Differences in Resting-State Functional Connectivity in Self-Reported Democrats and Republicans: A Pilot Study. *Journal of Behavioral and Brain Science*, *03*(04), 341–349. https://doi.org/10.4236/jbbs.2013.34034

140 Sanfey, A. G., Rilling, J. K., Aronson, J. A., Nystrom, L. E., & Cohen, J. D. (2003). The neural basis of economic decision-making in the Ultimatum Game. *Science (New York, N.Y.)*, *300*(5626), 1755–1758. https://doi.org/10.1126/SCIENCE.1082976

141 Kerns, J. G., Cohen, J. D., MacDonald, A. W., Cho, R. Y., Stenger, V. A., & Carter, C. S. (2004). Anterior cingulate conflict monitoring and adjustments in control. *Science (New York, N.Y.)*, *303*(5660), 1023–1026. https://doi.org/10.1126/SCIENCE.1089910

142 Singer, T., Seymour, B., O'Doherty, J., Kaube, H., Dolan, R. J., &

Frith, C. D. (2004). Empathy for pain involves the affective but not sensory components of pain. *Science (New York, N.Y.), 303*(5661), 1157–1162. https://doi.org/10.1126/SCIENCE.1093535

143 Singer, T., Seymour, B., O'Doherty, J. P., Stephan, K. E., Dolan, R. J., & Frith, C. D. (2006). Empathic neural responses are modulated by the perceived fairness of others. *Nature, 439*(7075), 466–469. https://doi.org/10.1038/NATURE04271

144 Hsu, M., Anen, C., & Quartz, S. R. (2008). The right and the good: distributive justice and neural encoding of equity and efficiency. *Science (New York, N.Y.), 320*(5879), 1092–1095. https://doi.org/10.1126/SCIENCE.1153651

145 Chiao, J. Y., Mathur, V. A., Harada, T., & Lipke, T. (2009). Neural basis of preference for human social hierarchy versus egalitarianism. *Annals of the New York Academy of Sciences, 1167*, 174–181. https://doi.org/10.1111/J.1749-6632.2009.04508.X

146 Amodio, D. M., Jost, J. T., Master, S. L., & Yee, C. M. (2007). Neurocognitive correlates of liberalism and conservatism. *Nature Neuroscience, 10*(10), 1246–1247. https://doi.org/10.1038/nn1979

147 Haas, I. J., Baker, M. N., & Gonzalez, F. J. (2017). Who Can Deviate from the Party Line? Political Ideology Moderates Evaluation of Incongruent Policy Positions in Insula and Anterior Cingulate Cortex. *Social Justice Research, 30*(4), 355–380. https://doi.org/10.1007/S11211-017-0295-0/METRICS

148 Inzlicht, M., & Tullett, A. M. (2010). Reflecting On God: Religious Primes Can Reduce Neurophysiological Response to Errors. *Psychological Science, 21*(8), 1184–1190. https://doi.

org/10.1177/0956797610375451,

149 Sollis, E., Mosaku, A., Abid, A., Buniello, A., Cerezo, M., Gil, L., Groza, T., Güneş, O., Hall, P., Hayhurst, J., Ibrahim, A., Ji, Y., John, S., Lewis, E., MacArthur, J. A. L., McMahon, A., Osumi-Sutherland, D., Panoutsopoulou, K., Pendlington, Z., … Harris, L. W. (2023). The NHGRI-EBI GWAS Catalog: knowledgebase and deposition resource. *Nucleic Acids Research*, *51*(D1), D977–D985. https://doi.org/10.1093/nar/gkac1010

150 Jost, J. T., Noorbaloochi, S., & Van Bavel, J. J. (2014). The 'chicken-and-egg' problem in political neuroscience. *Behavioral and Brain Sciences*, *37*(3), 317–318. https://doi.org/10.1017/S0140525X13002616,

151 Lee, K. S., Lee, T., Kim, M., Ignatova, E., Ban, H. J., Sung, M. K., Kim, Y., Kim, Y. J., Han, J. H., & Choi, J. K. (2025). Shared rare genetic variants in multiplex autism families suggest a social memory gene under selection. *Scientific Reports 2024 15:1*, *15*(1), 1–15. https://doi.org/10.1038/s41598-024-83839-w

152 Farmer, C., Adedipe, D., Bal, V. H., Chlebowski, C., & Thurm, A. (2020). Concordance of the Vineland Adaptive Behavior Scales, second and third editions. *Journal of Intellectual Disability Research*, *64*(1), 18–26. https://doi.org/10.1111/JIR.12691

153 Fowler, J. H., & Schreiber, D. (2008). Biology, politics, and the emerging science of human nature. *Science (New York, N.Y.)*, *322*(5903), 912–914. https://doi.org/10.1126/SCIENCE.1158188

154 Hatemi, P. K., & McDermott, R. (2012). The genetics of politics: discovery, challenges, and progress. *Trends in Genetics*, *28*(10), 525–

533. https://doi.org/10.1016/J.TIG.2012.07.004

155 Fowler, J. H., Baker, L. A., & Dawes, C. T. (2008). Genetic Variation in Political Participation. *The American Political Science Review, 102*(2), 233–248. http://www.jstor.org/stable/27644513

156 Aarøe, L., Appadurai, V., Hansen, K. M., Schork, A. J., Werge, T., Mors, O., Børglum, A. D., Hougaard, D. M., Nordentoft, M., Mortensen, P. B., Thompson, W. K., Buil, A., Agerbo, E., & Petersen, M. B. (2021). Genetic predictors of educational attainment and intelligence test performance predict voter turnout. *Nature Human Behaviour, 5*(2), 281–291. https://doi.org/10.1038/S41562-020-00952-2;TECHMETA=45;SUBJMETA=208,4012,4014,631;KWRD =GENETICS,POLITICS+AND+INTERNATIONAL+RELATIONS

157 Eaves, L., Heath, A., Martin, N., Maes, H., Neale, M., Kendler, K., Kirk, K., & Corey, L. (1999). Comparing the biological and cultural inheritance of personality and social attitudes in the Virginia 30,000 study of twins and their relatives. *Twin Research : The Official Journal of the International Society for Twin Studies, 2*(2), 62–80. https://doi.org/10.1375/136905299320565933

158 Hatemi, P. K., Hibbing, J. R., Medland, S. E., Keller, M. C., Alford, J. R., Smith, K. B., Martin, N. G., & Eaves, L. J. (2010). Not by Twins Alone: Using the Extended Family Design to Investigate Genetic Influence on Political Beliefs. *American Journal of Political Science, 54*(3), 798–814. https://doi.org/10.1111/J.1540-5907.2010.00461.X

159 Truett, K. R., Eaves, L. J., Walters, E. E., Heath, A. C., Hewitt, J. K., Meyer, J. M., Silberg, J., Neale, M. C., Martin, N. G., & Kendler, K. S. (1994). A model system for analysis of family resemblance in

extended kinships of twins. *Behavior Genetics*, *24*(1), 35–49. https://doi.org/10.1007/BF01067927

160 Bouchard, T. J., & McGue, M. (2003). Genetic and environmental influences on human psychological differences. *Journal of Neurobiology*, *54*(1), 4–45. https://doi.org/10.1002/NEU.10160

161 Eaves, L. J., & Eysenck, H. J. (1974). Genetics and the development of social attitudes. *Nature*, *249*(5454), 288–289. https://doi.org/10.1038/249288a0

162 Martin, N. G., Eaves, L. J., Heath, A. C., Jardine, R., Feingold, L. M., & Eysenck, H. J. (1986). Transmission of social attitudes. *Proceedings of the National Academy of Sciences of the United States of America*, *83*(12), 4364–4368. https://doi.org/10.1073/PNAS.83.12.4364

163 Kandler, C., Bell, E., & Riemann, R. (2016). The Structure and Sources of Right–wing Authoritarianism and Social Dominance Orientation. *European Journal of Personality*, *30*(4), 406–420. https://doi.org/10.1002/per.2061

164 Batrićević, N., & Littvay, L. (2017). A Genetic Basis of Economic Egalitarianism. *Social Justice Research*, *30*(4), 408–437. https://doi.org/10.1007/s11211-017-0297-y

165 Morosoli, J. J., Barlow, F. K., Colodro-Conde, L., & Medland, S. E. (2022). Genetic and Environmental Influences on Biological Essentialism, Heuristic Thinking, Need for Closure, and Conservative Values: Insights From a Survey and Twin Study. *Behavior Genetics*, *52*(3), 170–183. https://doi.org/10.1007/S10519-022-10101-2

166 Brunner, H. G., Nelen, M., Breakefield, X. O., Ropers, H. H., & Van Oost, B. A. (1993). Abnormal behavior associated with a point

mutation in the structural gene for monoamine oxidase A. *Science (New York, N.Y.)*, *262*(5133), 578–580. https://doi.org/10.1126/SCIENCE.8211186

167 McDermott, R., Tingley, D., Cowden, J., Frazzetto, G., & Johnson, D. D. P. (2009). Monoamine oxidase A gene (MAOA) predicts behavioral aggression following provocation. *Proceedings of the National Academy of Sciences of the United States of America*, *106*(7), 2118–2123. https://doi.org/10.1073/PNAS.0808376106

168 Waltes, R., Chiocchetti, A. G., & Freitag, C. M. (2016). The neurobiological basis of human aggression: A review on genetic and epigenetic

169 Buckholtz, J. W., & Meyer-Lindenberg, A. (2008). MAOA and the neurogenetic architecture of human aggression. *Trends in Neurosciences*, *31*(3), 120–129. https://doi.org/10.1016/J.TINS.2007.12.006/ASSET/83819265-6F0F-4808-8C71-ED3D25651346/MAIN.ASSETS/GR3.SML

170 Vassos, E., Collier, D. A., & Fazel, S. (2013). Systematic meta-analyses and field synopsis of genetic association studies of violence and aggression. *Molecular Psychiatry 2014 19:4*, *19*(4), 471–477. https://doi.org/10.1038/mp.2013.31

171 Ficks, C. A., & Waldman, I. D. (2014). Candidate genes for aggression and antisocial behavior: a meta-analysis of association studies of the 5HTTLPR and MAOA-uVNTR. *Behavior Genetics*, *44*(5), 427–444. https://doi.org/10.1007/S10519-014-9661-Y/METRICS

172 Ruisch, I. H., Dietrich, A., Glennon, J. C., Buitelaar, J. K., & Hoekstra, P. J. (2019). Interplay between genome-wide implicated genetic variants

and environmental factors related to childhood antisocial behavior in the UK ALSPAC cohort. *European Archives of Psychiatry and Clinical Neuroscience, 269*(6), 741–752. https://doi.org/10.1007/S00406-018-0964-5/

173 Lawson, D. C., Turic, D., Langley, K., Pay, H. M., Govan, C. F., Norton, N., Hamshere, M. L., Owen, M. J., O'Donovan, M. C., & Thapar, A. (2003). Association analysis of monoamine oxidase A and attention deficit hyperactivity disorder. *American Journal of Medical Genetics. Part B, Neuropsychiatric Genetics : The Official Publication of the International Society of Psychiatric Genetics, 116B*(1), 84–89. https://doi.org/10.1002/AJMG.B.10002

174 Samochowiec, J., Lesch, K. P., Rottmann, M., Smolka, M., Syagailo, Y. V., Okladnova, O., Rommelspacher, H., Winterer, G., Schmidt, L. G., & Sander, T. (1999). Association of a regulatory polymorphism in the promoter region of the monoamine oxidase A gene with antisocial alcoholism. *Psychiatry Research, 86*(1), 67–72. https://doi.org/10.1016/S0165-1781(99)00020-7

175 Schmidt, L. G., Sander, T., Kuhn, S., Smolka, M., Rommelspacher, H., Samochowiec, J., & Lesch, K. P. (2000). Different allele distribution of a regulatory MAOA gene promoter polymorphism in antisocial and anxious-depressive alcoholics. *Journal of Neural Transmission (Vienna, Austria : 1996), 107*(6), 681–689. https://doi.org/10.1007/S007020070069

176 Scott, A. L., Bortolato, M., Chen, K., & Shih, J. C. (2008). Novel monoamine oxidase A knock out mice with human-like spontaneous mutation. *NeuroReport, 19*(7), 739–743. https://doi.org/10.1097/

177 Cases, O., Seif, I., Grimsby, J., Gaspar, P., Chen, K., Pournin, S., Müller, U., Aguet, M., Babinet, C., Shih, J. C., & De Maeyer, E. (1995). Aggressive behavior and altered amounts of brain serotonin and norepinephrine in mice lacking MAOA. *Science (New York, N.Y.)*, *268*(5218), 1763–1766. https://doi.org/10.1126/SCIENCE.7792602

178 Fowler, J. H., & Dawes, C. T. (2008). Two Genes Predict Voter Turnout. *The Journal of Politics*, *70*, 579–594. https://doi.org/10.1017/S0022381608080638

179 Dawes, C. T., & Fowler, J. H. (2009). Partisanship, Voting, and the Dopamine D2 Receptor Gene. *The Journal of Politics*, *71*, 1157–1171. https://doi.org/10.1017/S002238160909094X

180 Hatemi, P. K., Gillespie, N. A., Eaves, L. J., Maher, B. S., Webb, B. T., Heath, A. C., Medland, S. E., Smyth, D. C., Beeby, H. N., Gordon, S. D., Montgomery, G. W., Zhu, G., Byrne, E. M., & Martin, N. G. (2011). A Genome-Wide Analysis of Liberal and Conservative Political Attitudes. *Journal of Politics*, *73*, 271–285. https://doi.org/10.1017/S0022381610001015

181 Hariri, A. R., Mattay, V. S., Tessitore, A., Kolachana, B., Fera, F., Goldman, D., Egan, M. F., & Weinberger, D. R. (2002). Serotonin Transporter Genetic Variation and the Response of the Human Amygdala. *Science (New York, N.Y.)*, *297*(5580), 400–403. https://doi.org/10.1126/science.1071829

182 Stjepanović, D., Lorenzetti, V., Yücel, M., Hawi, Z., & Bellgrove, M. A. (2013). Human amygdala volume is predicted by common DNA variation in the stathmin and serotonin transporter genes. *Translational*

Psychiatry, 3, e283. https://doi.org/10.1038/tp.2013.41

183 Pezawas, L., Meyer-Lindenberg, A., Drabant, E. M., Verchinski, B. A., Munoz, K. E., Kolachana, B. S., Egan, M. F., Mattay, V. S., Hariri, A. R., & Weinberger, D. R. (2005). 5-HTTLPR polymorphism impacts human cingulate-amygdala interactions: a genetic susceptibility mechanism for depression. *Nature Neuroscience, 8*(6), 828–834. https://doi.org/10.1038/nn1463

184 Raleigh, M. J., McGuire, M. T., Brammer, G. L., & Yuwiler, A. (1984). Social and Environmental Influences on Blood Serotonin Concentrations in Monkeys. *Archives of General Psychiatry, 41*(4), 405–410. https://doi.org/10.1001/archpsyc.1984.01790150095013

185 Raleigh, M. J., McGuire, M. T., Brammer, G. L., Pollack, D. B., & Yuwiler, A. (1991). Serotonergic mechanisms promote dominance acquisition in adult male vervet monkeys. *Brain Research, 559*(2), 181–190. https://doi.org/10.1016/0006-8993(91)90001-C

186 Noonan, M. P., Sallet, J., Mars, R. B., Neubert, F. X., O'Reilly, J. X., Andersson, J. L., Mitchell, A. S., Bell, A. H., Miller, K. L., & Rushworth, M. F. S. (2014). A Neural Circuit Covarying with Social Hierarchy in Macaques. *PLoS Biology, 12*(9), e1001940. https://doi.org/10.1371/journal.pbio.1001940

187 Moskowitz, D. S., Pinard, G., Zuroff, D. C., Annable, L., & Young, S. N. (2001). The Effect of Tryptophan on Social Interaction in Everyday Life: A Placebo-Controlled Study. *Neuropsychopharmacology, 25*(2), 277–289. https://doi.org/10.1016/S0893-133X(01)00219-6

188 Kousta, S. (2017). Social neuroscience: Know your place. *Nature Human Behaviour, 1*(2), 0045. https://doi.org/10.1038/s41562-017-

189 Kumaran, D., Banino, A., Blundell, C., Hassabis, D., & Dayan, P. (2016). Computations Underlying Social Hierarchy Learning: Distinct Neural Mechanisms for Updating and Representing Self-Relevant Information. *Neuron*, *92*(5), 1135–1147. https://doi.org/10.1016/j.neuron.2016.10.052

190 Zink, C. F., Tong, Y., Chen, Q., Bassett, D. S., Stein, J. L., & Meyer-Lindenberg, A. (2008). Know Your Place: Neural Processing of Social Hierarchy in Humans. *Neuron*, *58*(2), 273–283. https://doi.org/10.1016/j.neuron.2008.01.025

191 Kumaran, D., Melo, H. L., & Duzel, E. (2012). The Emergence and Representation of Knowledge about Social and Nonsocial Hierarchies. *Neuron*, *76*(3), 653–666. https://doi.org/10.1016/j.neuron.2012.09.035

192 Seo, C., Guru, A., Jin, M., Ito, B., Sleezer, B. J., Ho, Y. Y., Wang, E., Boada, C., Krupa, N. A., Kullakanda, D. S., Shen, C. X., & Warden, M. R. (2019). Intense threat switches dorsal raphe serotonin neurons to a paradoxical operational mode. *Science (New York, N.Y.)*, *363*(6426), 539–542. https://doi.org/10.1126/SCIENCE.AAU8722

193 Marcinkiewicz, C. A., Mazzone, C. M., D'Agostino, G., Halladay, L. R., Hardaway, J. A., DiBerto, J. F., Navarro, M., Burnham, N., Cristiano, C., Dorrier, C. E., Tipton, G. J., Ramakrishnan, C., Kozicz, T., Deisseroth, K., Thiele, T. E., McElligott, Z. A., Holmes, A., Heisler, L. K., & Kash, T. L. (2016). Serotonin engages an anxiety and fear-promoting circuit in the extended amygdala. *Nature*, *537*(7618), 97–101. https://doi.org/10.1038/nature19318

194 Ebstein, R. P., Novick, O., Umansky, R., Priel, B., Osher, Y., Blaine, D., Bennett, E. R., Nemanov, L., Katz, M., & Belmaker, R. H. (1996). Dopamine D4 receptor (D4DR) exon III polymorphism associated with the human personality trait of Novelty Seeking. *Nature Genetics*, *12*(1), 78–80. https://doi.org/10.1038/ng0196-78

195 Benjamin, J., Li, L., Patterson, C., Greenberg, B. D., Murphy, D. L., & Hamer, D. H. (1996). Population and familial association between the D4 dopamine receptor gene and measures of Novelty Seeking. *Nature Genetics*, *12*(1), 81–84. https://doi.org/10.1038/ng0196-81

196 Ebstein, R. P., Nemanov, L., Klotz, I., Gritsenko, I., & Belmaker, R. H. (1997). Additional evidence for an association between the dopamine D4 receptor (D4DR) exon III repeat polymorphism and the human personality trait of Novelty Seeking. *Molecular Psychiatry*, *2*(6), 472–477. https://doi.org/10.1038/SJ.MP.4000333

197 Ebstein, R. P., Levine, J., Geller, V., Auerbach, J., Gritsenko, I., & Belmaker, R. H. (1998). Dopamine D4 receptor and serotonin transporter promoter in the determination of neonatal temperament. *Molecular Psychiatry*, *3*(3), 238–246. https://doi.org/10.1038/SJ.MP.4000363

198 Auerbach, J., Geller, V., Lezer, S., Shinwell, E., Belmaker, R. H., Levine, J., & Ebstein, R. P. (1999). Dopamine D4 receptor (D4DR) and serotonin transporter promoter (5-HTTLPR) polymorphisms in the determination of temperament in 2-month-old infants. *Molecular Psychiatry*, *4*(4), 369–373. https://doi.org/10.1038/SJ.MP.4000531

199 Strobel, A., Wehr, A., Michel, A., & Brocke, B. (1999). Association between the dopamine D4 receptor (DRD4) exon III polymorphism

and measures of Novelty Seeking in a German population. *Molecular Psychiatry*, *4*(4), 378–384. https://doi.org/10.1038/SJ.MP.4000535

200 Benjamin, J., Osher, Y., Kotler, M., Gritsenko, I., Nemanov, L., Belmaker, R. H., & Ebstein, R. P. (2000). Association between tridimensional personality questionnaire (TPQ) traits and three functional polymorphisms: dopamine receptor D4 (DRD4), serotonin transporter promoter region (5-HTTLPR) and catechol O-methyltransferase (COMT). *Molecular Psychiatry*, *5*(1), 96–100. https://doi.org/10.1038/SJ.MP.4000640

201 De Luca, A., Rizzardi, M., Torrente, I., Alessandroni, R., Salvioli, G. P., Filograsso, N., Dallapiccola, B., & Novelli, G. (2001). Dopamine D4 receptor (DRD4) polymorphism and adaptability trait during infancy: a longitudinal study in 1- to 5-month-old neonates. *Neurogenetics*, *3*(2), 79–82. https://doi.org/10.1007/S100480100106

202 Noble, E. P., Ozkaragoz, T. Z., Ritchie, T. L., Zhang, X., Belin, T. R., & Sparkes, R. S. (1998). D2 and D4 dopamine receptor polymorphisms and personality. *American Journal of Medical Genetics*, *81*(3), 257–267. https://doi.org/10.1002/(SICI)1096-8628(19980508)81:3<257::AID-AJMG10>3.0.CO;2-E

203 Lee, H. J., Lee, H. S., Kim, Y. K., Kim, L., Lee, M. S., Jung, I. K., Suh, K. Y., & Kim, S. (2003). D2 and D4 dopamine receptor gene polymorphisms and personality traits in a young Korean population. *American Journal of Medical Genetics - Neuropsychiatric Genetics*, *121 B*(1), 44–49. https://doi.org/10.1002/ajmg.b.20054

204 Settle, J. E., Dawes, C. T., Christakis, N. A., & Fowler, J. H. (2010). Friendships Moderate an Association between a Dopamine Gene

Variant and Political Ideology. *The Journal of Politics*, *72*(4), 1189–1198. https://doi.org/10.1017/S0022381610000617

205 Dulac, C., & Torello, A. T. (2003). Molecular detection of pheromone signals in mammals: from genes to behaviour. *Nature Reviews Neuroscience*, *4*(7), 551–562. https://doi.org/10.1038/nrn1140

206 Wedekind, C., Seebeck, T., Bettens, F., & Paepke, A. J. (1995). MHC-dependent mate preferences in humans. *Proceedings of the Royal Society B: Biological Sciences*, *260*(1359), 245–249. https://doi.org/10.1098/RSPB.1995.0087

207 Potts, W. (2002). Wisdom through immunogenetics. *Nature Genetics*, *30*, 130–131.

208 Roberts, E. K., Lu, A., Bergman, T. J., & Beehner, J. C. (2012). A Bruce Effect in Wild Geladas. *Science (New York, N.Y.)*, *335*(6073), 1222–1225. https://doi.org/10.1126/SCIENCE.1213600

209 Bruce, H. M. (1959). An Exteroceptive Block to Pregnancy in the Mouse. *Nature*, *184*(4680), 105. https://doi.org/10.1038/184105a0

210 Stowers, L., Holy, T. E., Meister, M., Dulac, C., & Koentges, G. (2002). Loss of Sex Discrimination and Male-Male Aggression in Mice Deficient for TRP2. *Science (New York, N.Y.)*, *295*(5559), 1493–1500. https://doi.org/10.1126/science.1069259

211 Kimchi, T., Xu, J., & Dulac, C. (2007). A functional circuit underlying male sexual behaviour in the female mouse brain. *Nature*, *448*(7157), 1009–1014. https://doi.org/10.1038/nature06089

212 Chamero, P., Marton, T. F., Logan, D. W., Flanagan, K., Cruz, J. R., Saghatelian, A., Cravatt, B. F., & Stowers, L. (2007). Identification of protein pheromones that promote aggressive behaviour. *Nature*,

450(7171), 899–902. https://doi.org/10.1038/nature05997

213 Jokela, M., & Keltikangas-Järvinen, L. (2009). Adolescent leadership and adulthood fertility: Revisiting the 'central theoretical problem of human sociobiology'. *Journal of Personality, 77*(1), 213–230. https://doi.org/10.1111/J.1467-6494.2008.00543.X

214 Koh, J.-B., & Wong, J. S. (2017). Survival of the Fittest and the Sexiest: Evolutionary Origins of Adolescent Bullying. *Journal of Interpersonal Violence, 32*(17), 2668–2690. https://doi.org/10.1177/0886260515593546

215 Volk, A. A., Dane, A. V., Marini, Z. A., & Vaillancourt, T. (2015). Adolescent Bullying, Dating, and Mating. *Evolutionary Psychology, 13*(4), 147470491561390. https://doi.org/10.1177/1474704915613909

216 Volk, A. A., Camilleri, J. A., Dane, A. V., & Marini, Z. A. (2012). Is Adolescent Bullying an Evolutionary Adaptation? *Aggressive Behavior, 38*(3), 222–238. https://doi.org/10.1002/ab.21418

217 Kretschmer, T., la Roi, C., van der Ploeg, R., & Veenstra, R. (2022). Benefits of Bullying? A Test of the Evolutionary Hypothesis in Three Cohorts. *Journal of Research on Adolescence, 32*(3), 1178–1193. https://doi.org/10.1111/jora.12675

218 Wilson, M., & Daly, M. (1997). Life expectancy, economic inequality, homicide, and reproductive timing in Chicago neighbourhoods. *BMJ (Clinical Research Ed.), 314*(7089), 1271–1274. https://doi.org/10.1136/BMJ.314.7089.1271

219 Nettle, D. (2010). Dying young and living fast: variation in life history across English neighborhoods. *Behavioral Ecology, 21*(2), 387–395.

https://doi.org/10.1093/BEHECO/ARP202

220 Nobles, J., Frankenberg, E., & Thomas, D. (2015). The Effects of Mortality on Fertility: Population Dynamics After a Natural Disaster. *Demography*, *52*(1), 15. https://doi.org/10.1007/S13524-014-0362-1

221 Weitzman, A., Barber, J. S., Heinze, J., & Zimmerman, M. (2021). How Nearby Homicides Affect Young Women's Pregnancy Desires: Evidence From a Quasi-Experiment. *Demography*, *58*(3), 927. https://doi.org/10.1215/00703370-9160045

222 Zhou, X., Liu, J., Chen, C., & Yu, Z. (2008). Do children transcend death? An examination of the terror management function of offspring. *Scandinavian Journal of Psychology*, *49*(5), 413–418. https://doi.org/10.1111/J.1467-9450.2008.00665.X

223 Rodgers, J. L., St. John, C. A., & Coleman, R. (2005). Did fertility go up after the Oklahoma City bombing? An analysis of births in metropolitan counties in Oklahoma, 1990-1999. *Demography*, *42*(4), 675–692. https://doi.org/10.1353/DEM.2005.0034

224 Mathews, P., & Sear, R. (2008). Life after death: An investigation into how mortality perceptions influence fertility preferences using evidence from an internet-based experiment. *Journal of Evolutionary Psychology*, *6*(3), 155–172. https://doi.org/10.1556/JEP.6.2008.3.1

225 Wisman, A., & Goldenberg, J. L. (2005). From the grave to the cradle: evidence that mortality salience engenders a desire for offspring. *Journal of Personality and Social Psychology*, *89*(1), 46–61. https://doi.org/10.1037/0022-3514.89.1.46

226 Fritsche, I., Eva Jonas, Fischer, P., Koranyi, N., Berger, N., & Fleischmann, B. (2007). Mortality salience and the desire for offspring.

Journal of Experimental Social Psychology, *43*(5), 753–762. https://doi.org/10.1016/J.JESP.2006.10.003

227 Fieder, M., & Huber, S. (2018). Political attitude and fertility: Is there a selection for the political extreme? *Frontiers in Psychology*, *9*(NOV). https://doi.org/10.3389/FPSYG.2018.02343/FULL

228 Fangmeier, T. L., Stanley, S. M., Knopp, K., & Rhoades, G. K. (2020). Political Party Identification and Romantic Relationship Quality. *Couple & Family Psychology*, *9*(3), 167. https://doi.org/10.1037/CFP0000141

229 Clutton-Brock, T. H. (1988). *Reproductive Success: Studies of Individual Variation in Contrasting Breeding Systems*.

230 Stearns, S. C., Byars, S. G., Govindaraju, D. R., & Ewbank, D. (2010). Measuring selection in contemporary human populations. *Nature Reviews Genetics*, *11*(9), 611–622. https://doi.org/10.1038/nrg2831

231 Zietsch, B. P., Kuja-Halkola, R., Walum, H., & Verweij, K. J. H. (2014). Perfect genetic correlation between number of offspring and grandoffspring in an industrialized human population. *Proceedings of the National Academy of Sciences of the United States of America*, *111*(3), 1032–1036. https://doi.org/10.1073/PNAS.1310058111

232 Beauchamp, J. P. (2016). Genetic evidence for natural selection in humans in the contemporary United States. *Proceedings of the National Academy of Sciences of the United States of America*, *113*(28), 7774–7779. https://doi.org/10.1073/pnas.1600398113

233 Taub, D. R., & Page, J. (2016). Molecular Signatures of Natural Selection for Polymorphic Genes of the Human Dopaminergic and Serotonergic Systems: A Review. *Frontiers in Psychology*, *7*, 857. https://

doi.org/10.3389/fpsyg.2016.00857

234 Claw, K. G., Tito, R. Y., Stone, A. C., & Verrelli, B. C. (2010). Haplotype structure and divergence at human and chimpanzee serotonin transporter and receptor genes: implications for behavioral disorder association analyses. *Molecular Biology and Evolution*, *27*(7), 1518–1529. https://doi.org/10.1093/MOLBEV/MSQ030

235 Rilling, J. K., & Young, L. J. (2014). The biology of mammalian parenting and its effect on offspring social development. *Science (New York, N.Y.)*, *345*(6198), 771–776. https://doi.org/10.1126/SCIENCE.1252723

236 Procyshyn, T. L., Dupertuys, J., & Bartz, J. A. (2024). Neuroimaging and behavioral evidence of sex-specific effects of oxytocin on human sociality. *Trends in Cognitive Sciences*, *28*(10). https://doi.org/10.1016/J.TICS.2024.06.010

237 Lewis, G. J., & Bates, T. C. (2014). Common Heritable Effects Underpin Concerns Over Norm Maintenance and In-Group Favoritism: Evidence From Genetic Analyses of Right-Wing Authoritarianism and Traditionalism. *Journal of Personality*, *82*(4), 297–309. https://doi.org/10.1111/JOPY.12055,

238 Waytz, A., Iyer, R., Young, L., Haidt, J., & Graham, J. (2019). Ideological differences in the expanse of the moral circle. *Nature Communications*, *10*(1). https://doi.org/10.1038/S41467-019-12227-0

239 Cutler, J., Nitschke, J. P., Lamm, C., & Lockwood, P. L. (2021). Older adults across the globe exhibit increased prosocial behavior but also greater in-group preferences. *Nature Aging 2021 1:10*, *1*(10), 880–888. https://doi.org/10.1038/s43587-021-00118-3

240 Bosch, O. J., Meddle, S. L., Beiderbeck, D. I., Douglas, A. J., & Neumann, I. D. (2005). Brain oxytocin correlates with maternal aggression: link to anxiety. *The Journal of Neuroscience : The Official Journal of the Society for Neuroscience*, *25*(29), 6807–6815. https://doi.org/10.1523/JNEUROSCI.1342-05.2005

241 Samuni, L., Preis, A., Mundry, R., Deschner, T., Crockford, C., & Wittig, R. M. (2017). Oxytocin reactivity during intergroup conflict in wild chimpanzees. *Proceedings of the National Academy of Sciences of the United States of America*, *114*(2), 268–273.

242 Hoekzema, E., Barba-Müller, E., Pozzobon, C., Picado, M., Lucco, F., García-García, D., Soliva, J. C., Tobeña, A., Desco, M., Crone, E. A., Ballesteros, A., Carmona, S., & Vilarroya, O. (2017). Pregnancy leads to long-lasting changes in human brain structure. *Nature Neuroscience*, *20*(2), 287–296. https://doi.org/10.1038/NN.4458

243 Pritschet, L., Taylor, C. M., Cossio, D., Faskowitz, J., Santander, T., Handwerker, D. A., Grotzinger, H., Layher, E., Chrastil, E. R., & Jacobs, E. G. (2024). Neuroanatomical changes observed over the course of a human pregnancy. *Nature Neuroscience*, *27*(11), 2253–2260. https://doi.org/10.1038/S41593-024-01741-0

244 De Dreu, C. K. W., Greer, L. L., Handgraaf, M. J. J., Shalvi, S., Van Kleef, G. A., Baas, M., Ten Velden, F. S., Van Dijk, E., & Feith, S. W. W. (2010). The neuropeptide oxytocin regulates parochial altruism in intergroup conflict among humans. *Science (New York, N.Y.)*, *328*(5984), 1408–1411. https://doi.org/10.1126/SCIENCE.1189047

245 Tost, H., Kolachana, B., Hakimi, S., Lemaitre, H., Verchinski, B. A., Mattay, V. S., Weinberger, D. R., & Meyer-Lindenberg, A. (2010).

A common allele in the oxytocin receptor gene (OXTR) impacts prosocial temperament and human hypothalamic-limbic structure and function. *Proceedings of the National Academy of Sciences of the United States of America*, *107*(31), 13936–13941. https://doi.org/10.1073/PNAS.1003296107

246 Rodrigues, S. M., Saslow, L. R., Garcia, N., John, O. P., & Keltner, D. (2009). Oxytocin receptor genetic variation relates to empathy and stress reactivity in humans. *Proceedings of the National Academy of Sciences of the United States of America*, *106*(50), 21437–21441. https://doi.org/10.1073/PNAS.0909579106

247 Krueger, F., Parasuraman, R., Iyengar, V., Thornburg, M., Weel, J., Lin, M., Clarke, E., McCabe, K., & Lipsky, R. H. (2012). Oxytocin receptor genetic variation promotes human trust behavior. *Frontiers in Human Neuroscience*, *6*, 4. https://doi.org/10.3389/FNHUM.2012.00004

248 Hare, B. (2017). Survival of the Friendliest: *Homo sapiens* Evolved via Selection for Prosociality. *Annual Review of Psychology*, *68*(1), 155–186. https://doi.org/10.1146/annurev-psych-010416-044201

249 Qi, X.-G., Wu, J., Zhao, L., Wang, L., Guang, X., Garber, P. A., Opie, C., Yuan, Y., Diao, R., Li, G., Wang, K., Pan, R., Ji, W., Sun, H., Huang, Z.-P., Xu, C., Witarto, A. B., Jia, R., Zhang, C., … Li, B. (2023). Adaptations to a cold climate promoted social evolution in Asian colobine primates. *Science (New York, N.Y.)*, *380*(6648), eabl8621. https://doi.org/10.1126/science.abl8621

250 Halley, A. C., Boretsky, M., Puts, D. A., & Shriver, M. (2016). Self-Reported Sexual Behavioral Interests and Polymorphisms in the Dopamine Receptor D4 (DRD4) Exon III VNTR in Heterosexual

Young Adults. *Archives of Sexual Behavior, 45*(8), 2091–2100. https://doi.org/10.1007/S10508-015-0646-6

251 Garcia, J. R., Mackillop, J., Aller, E. L., Merriwether, A. M., Wilson, D. S., & Lum, J. K. (2010). Associations between dopamine D4 receptor gene variation with both infidelity and sexual promiscuity. *PloS One, 5*(11). https://doi.org/10.1371/JOURNAL.PONE.0014162

252 Ding, Y.-C., Chi, H.-C., Grady, D. L., Morishima, A., Kidd, J. R., Kidd, K. K., Flodman, P., Spence, M. A., Schuck, S., Swanson, J. M., Zhang, Y.-P., & Moyzis, R. K. (2002). Evidence of positive selection acting at the human dopamine receptor D4 gene locus. *Proceedings of the National Academy of Sciences of the United States of America, 99*(1), 309–314. https://doi.org/10.1073/pnas.012464099

253 Wang, E., Ding, Y.-C., Flodman, P., Kidd, J. R., Kidd, K. K., Grady, D. L., Ryder, O. A., Spence, M. A., Swanson, J. M., & Moyzis, R. K. (2004). The Genetic Architecture of Selection at the Human Dopamine Receptor D4 (DRD4) Gene Locus. *American Journal of Human Genetics, 74*(5), 931–944. https://doi.org/10.1086/420854

254 González-Forero, M., & Gardner, A. (2018). Inference of ecological and social drivers of human brain-size evolution. *Nature, 557*(7706), 554–557. https://doi.org/10.1038/s41586-018-0127-x

255 Duncan, J. (2010). The multiple-demand (MD) system of the primate brain: mental programs for intelligent behaviour. *Trends in Cognitive Sciences, 14*(4), 172–179. https://doi.org/10.1016/J.TICS.2010.01.004

256 Elliott, L. T., Sharp, K., Alfaro-Almagro, F., Shi, S., Miller, K. L., Douaud, G., Marchini, J., & Smith, S. M. (2018). Genome-wide association studies of brain imaging phenotypes in UK Biobank.

Nature, *562*(7726), 210–216. https://doi.org/10.1038/S41586-018-0571-7

257 Savage, J. E., Jansen, P. R., Stringer, S., Watanabe, K., Bryois, J., De Leeuw, C. A., Nagel, M., Awasthi, S., Barr, P. B., Coleman, J. R. I., Grasby, K. L., Hammerschlag, A. R., Kaminski, J. A., Karlsson, R., Krapohl, E., Lam, M., Nygaard, M., Reynolds, C. A., Trampush, J. W., ... Posthuma, D. (2018). Genome-wide association meta-analysis in 269,867 individuals identifies new genetic and functional links to intelligence. *Nature Genetics*, *50*(7), 912–919. https://doi.org/10.1038/S41588-018-0152-6

258 Arendt, H. (1958). *The Human Condition*.

259 Silventoinen, K., Sammalisto, S., Perola, M., Boomsma, D. I., Cornes, B. K., Davis, C., Dunkel, L., de Lange, M., Harris, J. R., Hjelmborg, J. V. B., Luciano, M., Martin, N. G., Mortensen, J., Nisticò, L., Pedersen, N. L., Skytthe, A., Spector, T. D., Stazi, M. A., Willemsen, G., & Kaprio, J. (2003). Heritability of Adult Body Height: A Comparative Study of Twin Cohorts in Eight Countries. *Twin Research*, *6*(05), 399–408. https://doi.org/10.1375/twin.6.5.399

260 Visscher, P. M., Medland, S. E., Ferreira, M. A. R., Morley, K. I., Zhu, G., Cornes, B. K., Montgomery, G. W., & Martin, N. G. (2006). Assumption-Free Estimation of Heritability from Genome-Wide Identity-by-Descent Sharing between Full Siblings. *PLoS Genetics*, *2*(3), e41. https://doi.org/10.1371/journal.pgen.0020041

261 Jelenkovic, A., Sund, R., Hur, Y.-M., Yokoyama, Y., Hjelmborg, J. v. B., Möller, S., Honda, C., Magnusson, P. K. E., Pedersen, N. L., Ooki, S., Aaltonen, S., Stazi, M. A., Fagnani, C., D'Ippolito, C., Freitas, D.

L., Maia, J. A., Ji, F., Ning, F., Pang, Z., ... Silventoinen, K. (2016). Genetic and environmental influences on height from infancy to early adulthood: An individual-based pooled analysis of 45 twin cohorts. *Scientific Reports*, *6*(1), 28496. https://doi.org/10.1038/srep28496

262 Corfield, E. C., Yang, Y., Martin, N. G., & Nyholt, D. R. (2017). A continuum of genetic liability for minor and major depression. *Translational Psychiatry*, *7*(5), e1131. https://doi.org/10.1038/tp.2017.99

263 Kendall, K. M., Van Assche, E., Andlauer, T. F. M., Choi, K. W., Luykx, J. J., Schulte, E. C., & Lu, Y. (2021). The genetic basis of major depression. *Psychological Medicine*, *51*(13), 2217–2230. https://doi.org/10.1017/S0033291721000441

264 Caspi, A., McCray, J., Moffitt, T. E., Mill, J., Martin, J., Craig, I. W., Taylor, A., & Poulton, R. (2002). Role of genotype in the cycle of violence in maltreated children. *Science (New York, N.Y.)*, *297*(5582), 851–854. https://doi.org/10.1126/SCIENCE.1072290

265 Caspi, A., Sugden, K., Moffitt, T. E., Taylor, A., Craig, I. W., Harrington, H. L., McClay, J., Mill, J., Martin, J., Braithwaite, A., & Poulton, R. (2003). Influence of life stress on depression: moderation by a polymorphism in the 5-HTT gene. *Science (New York, N.Y.)*, *301*(5631), 386–389. https://doi.org/10.1126/SCIENCE.1083968

266 Sawyer, K. (2023). Biophysiological Risk-Factors for Political Violence. *Journal of Conflict Resolution*, *67*(5), 809–827. https://doi.org/10.1177/00220027221120373

267 Linden, D. J. (2007). *The Accidental Mind: How Brain Evolution Has Given Us Love, Memory, Dreams, and God.*

268 Karg, K., Burmeister, M., Shedden, K., & Sen, S. (2011). The serotonin transporter promoter variant (5-HTTLPR), stress, and depression meta-analysis revisited: evidence of genetic moderation. *Archives of General Psychiatry*, *68*(5), 444–454. https://doi.org/10.1001/ARCHGENPSYCHIATRY.2010.189

269 Delli Colli, C., Borgi, M., Poggini, S., Chiarotti, F., Cirulli, F., Penninx, B. W. J. H., Benedetti, F., Vai, B., & Branchi, I. (2022). Time moderates the interplay between 5-HTTLPR and stress on depression risk: gene x environment interaction as a dynamic process. *Translational Psychiatry*, *12*(1), 1–12. https://doi.org/10.1038/s41398-022-02035-4

270 Fox, E., Zougkou, K., Ridgewell, A., & Garner, K. (2011). The Serotonin Transporter Gene Alters Sensitivity to Attention Bias Modification: Evidence for a Plasticity Gene. *Biological Psychiatry*, *70*(11), 1049. https://doi.org/10.1016/J.BIOPSYCH.2011.07.004

271 Isbell, E., Stevens, C., Hampton Wray, A., Bell, T., & Neville, H. J. (2016). 5-HTTLPR polymorphism is linked to neural mechanisms of selective attention in preschoolers from lower socioeconomic status backgrounds. *Developmental Cognitive Neuroscience*, *22*, 36–47. https://doi.org/10.1016/J.DCN.2016.10.002

272 Bakermans-Kranenburg, M. J., & Van Ijzendoorn, M. H. (2006). Gene-environment interaction of the dopamine D4 receptor (DRD4) and observed maternal insensitivity predicting externalizing behavior in preschoolers. *Developmental Psychobiology*, *48*(5), 406–409. https://doi.org/10.1002/DEV.20152

273 Chhangur, R. R., Overbeek, G., Verhagen, M., Weeland, J., Matthys, W., & Engels, R. C. M. E. (2015). DRD4 and DRD2 genes, parenting,

and adolescent delinquency: Longitudinal evidence for a gene by environment interaction. *Journal of Abnormal Psychology, 124*(4), 791–802. https://doi.org/10.1037/ABN0000091

274 Luciana, M., Depue, R. A., Arbisi, P., & Leon, A. (1992). Facilitation of working memory in humans by a D2 dopamine receptor agonist. *Journal of Cognitive Neuroscience, 4*(1). https://doi.org/10.1162/JOCN.1992.4.1.58

275 Mehta, M. A., McGowan, S. W., Lawrence, A. D., Aitken, M. R. F., Montgomery, A. J., & Grasby, P. M. (2003). Systemic sulpiride modulates striatal blood flow: Relationships to spatial working memory and planning. *NeuroImage, 20*(4), 1982–1994. https://doi.org/10.1016/j.neuroimage.2003.08.007

276 Frank, M. J., & O'Reilly, R. C. (2006). A mechanistic account of striatal dopamine function in human cognition: Psychopharmacological studies with cabergoline and haloperidol. *Behavioral Neuroscience, 120*(3), 497–517. https://doi.org/10.1037/0735-7044.120.3.497

277 Naef, M., Müller, U., Linssen, A., Clark, L., Robbins, T. W., & Eisenegger, C. (2017). Effects of dopamine D2/D3 receptor antagonism on human planning and spatial working memory. *Translational Psychiatry, 7*(4), e1107–e1107. https://doi.org/10.1038/TP.2017.56

278 Yang, Q., Zhang, X., Zhang, L., Cheng, C., & Zhao, J. (2024). Exploring the influence of the DRD2 gene on mathematical ability: perspectives of gene association and gene-environment interaction. *BMC Psychology, 12*(1), 572. https://doi.org/10.1186/S40359-024-01997-Y

279 Burn-Murdoch, J. (2024, January 26). A new global gender divide is

emerging. *Financial Times*.

280 Why young men and women are drifting apart. (2024, March 13). *The Economist*.

281 Yerushalmy, J. (2024, November 14). What's behind the global political divide between young men and women? *The Guardian*.

282 Inglehart, R., & Norris, P. (2000). The Developmental Theory of the Gender Gap: Women's and Men's Voting Behavior in Global Perspective. *International Political Science Review / Revue Internationale de Science Politique*, *21*(4), 441–463. http://www.jstor.org/stable/1601598

283 Duverger, M. (1955). *The Political Role of Women*.

284 Lipset, S. M. (1960). *Political Man: The Social Bases of Politics*.

285 Campbell, A., Converse, P. E., Miller, W. E., & Stokes, D. E. (1960). *The American Voter*.

286 Butler, D., & Stokes, D. (1969). *Political Change in Britain: The Evolution of Electoral Choice*.

287 Edlund, L., & Pande, R. (2002). Why Have Women Become Left-Wing? The Political Gender Gap and the Decline in Marriage. *The Quarterly Journal of Economics*, *117*(3), 917–961. http://www.jstor.org/stable/4132492

288 Shorrocks, R. (2018). Cohort Change in Political Gender Gaps in Europe and Canada: The Role of Modernization. *Politics & Society*, *46*(2), 135–175. https://doi.org/10.1177/0032329217751688

289 Friedman, M. (1962). *Capitalism and Freedom*.

290 Friedman, R., & Friedman, M. (1980). *Free to Choose*.

291 Hrdy, S. B. (1977). *The Langurs of Abu: Female and Male Strategies of*

Reproduction.

292 Le Boeuf, B. J. (1974). Male-Male Competition and Reproductive Success in Elephant Seals. *American Zoologist*, *14*(1), 163–176. http://www.jstor.org/stable/3881981

293 Chagnon, N. (1992). *Yanomamö: The Last Days of Eden*.

294 Chagnon, N. A. (1988). Life Histories, Blood Revenge, and Warfare in a Tribal Population. *Science (New York, N.Y.)*, *239*(4843), 985–992. https://doi.org/10.1126/science.239.4843.985

295 Gat, A. (2008). *War in Human Civilization*.

296 Hawkes, K., & Bliege Bird, R. (2002). Showing off, handicap signaling, and the evolution of men's work. *Evolutionary Anthropology*, *11*(2), 58–67. https://doi.org/10.1002/evan.20005

297 Kaplan, H., & Hill, K. (1985). Hunting Ability and Reproductive Success Among Male Ache Foragers: Preliminary Results. *Current Anthropology*, *26*(1), 131–133. http://www.jstor.org/stable/2743006

298 Hurtado, A. M., & Hill, K. (1996). *Ache Life History: The Ecology and Demography of a Foraging People*.

299 Blurton Jones, N. G., Hawkes, K., & O'Connell, J. F. (1997). Why do Hadza children forage? In N. Segal, G. E. Weisfeld, & C. C. Weisfeld (Eds.), *Uniting psychology and biology: integrative perspectives on human development* (pp. 279–313).

300 Hawkes, K., O'Connell, J. F., & Blurton Jones, N. G. (2001). Hunting and Nuclear Families: Some Lessons from the Hadza about Men's Work. *Current Anthropology*, *42*(5), 681. https://doi.org/10.2307/3596569

301 Smith, E. A., Bliege Bird, R., & Bird, D. W. (2003). The benefits of costly signaling: Meriam turtle hunters. *Behavioral Ecology*, *14*, 116–

126.

302 Murdock, G. P., & White, D. R. (1969). Standard Cross-Cultural Sample. *Ethnology*, *8*(4), 329–369. https://doi.org/10.2307/3772907

303 White, D. R., Betzig, L., Mulder, M. B., Chick, G., Hartung, J., Irons, W., Low, B. S., Otterbein, K. F., Rosenblatt, P. C., & Spencer, P. (1988). Rethinking Polygyny: Co-Wives, Codes, and Cultural Systems [and Comments and Reply]. *Current Anthropology*, *29*(4), 529–572. http://www.jstor.org/stable/2743506

304 Hammer, M. F., Mendez, F. L., Cox, M. P., Woerner, A. E., & Wall, J. D. (2008). Sex-biased evolutionary forces shape genomic patterns of human diversity. *PLoS Genetics*, *4*(9), e1000202. https://doi.org/10.1371/journal.pgen.1000202

305 Zerjal, T., Xue, Y., Bertorelle, G., Wells, R. S., Bao, W., Zhu, S., Qamar, R., Ayub, Q., Mohyuddin, A., Fu, S., Li, P., Yuldasheva, N., Ruzibakiev, R., Xu, J., Shu, Q., Du, R., Yang, H., Hurles, M. E., Robinson, E., … Tyler-Smith, C. (2003). The genetic legacy of the Mongols. *American Journal of Human Genetics*, *72*(3), 717–721. https://doi.org/10.1086/367774

306 Xue, Y., Zerjal, T., Bao, W., Zhu, S., Lim, S. K., Shu, Q., Xu, J., Du, R., Fu, S., Li, P., Yang, H., & Tyler-Smith, C. (2005). Recent spread of a Y-chromosomal lineage in northern China and Mongolia. *American Journal of Human Genetics*, *77*(6), 1112–1116. https://doi.org/10.1086/498583

307 Moore, L. T., McEvoy, B., Cape, E., Simms, K., & Bradley, D. G. (2006). A Y-chromosome signature of hegemony in Gaelic Ireland. *American Journal of Human Genetics*, *78*(2), 334–338. https://doi.

org/10.1086/500055

308 Balaresque, P., Poulet, N., Cussat-Blanc, S., Gerard, P., Quintana-Murci, L., Heyer, E., & Jobling, M. A. (2015). Y-chromosome descent clusters and male differential reproductive success: young lineage expansions dominate Asian pastoral nomadic populations. *European Journal of Human Genetics 2015 23:10*, *23*(10), 1413–1422. https://doi.org/10.1038/ejhg.2014.285

309 Bian, L., Leslie, S.-J., & Cimpian, A. (2017). Gender stereotypes about intellectual ability emerge early and influence children's interests. *Science (New York, N.Y.)*, *355*(6323), 389–391. https://doi.org/10.1126/science.aah6524

310 Okanda, M., Meng, X., Kanakogi, Y., Uragami, M., Yamamoto, H., & Moriguchi, Y. (2022). Gender stereotypes about intellectual ability in Japanese children. *Scientific Reports*, *12*(1). https://doi.org/10.1038/S41598-022-20815-2

311 Zhao, S., Setoh, P., Storage, D., & Cimpian, A. (2022). The acquisition of the gender-brilliance stereotype: Age trajectory, relation to parents' stereotypes, and intersections with race/ethnicity. *Child Development*, *93*(5), e581–e597. https://doi.org/10.1111/CDEV.13809

312 Shu, Y., Hu, Q., Xu, F., & Bian, L. (2022). Gender stereotypes are racialized: A cross-cultural investigation of gender stereotypes about intellectual talents. *Developmental Psychology*, *58*(7), 1345–1359. https://doi.org/10.1037/DEV0001356

313 Kim, S., Jin, K. sun, & Bian, L. (2024). Gender brilliance stereotype emerges early and predicts children's motivation in South Korea. *Child Development*, *95*(3), 913–928. https://doi.org/10.1111/CDEV.14043

314 Trivers, R. L., & Willard, D. E. (1973). Natural Selection of Parental Ability to Vary the Sex Ratio of Offspring. *Science (New York, N.Y.)*, *179*(4068), 90–92. https://doi.org/10.1126/science.179.4068.90

315 Smith, M. S., Kish, B. J., & Crawford, C. B. (1987). Inheritance of wealth as human kin investment. *Ethology and Sociobiology*, *8*(3), 171–182. https://doi.org/10.1016/0162-3095(87)90042-2

316 Song, S. (2018). Spending patterns of Chinese parents on children's backpacks support the Trivers-Willard hypothesis. *Evolution and Human Behavior*, *39*(3), 336–342. https://doi.org/10.1016/j.evolhumbehav.2018.02.005

317 Fujita, M., Roth, E., Lo, Y.-J., Hurst, C., Vollner, J., & Kendell, A. (2012). In poor families, mothers' milk is richer for daughters than sons: A test of Trivers-Willard hypothesis in agropastoral settlements in Northern Kenya. *American Journal of Physical Anthropology*, *149*(1), 52–59. https://doi.org/10.1002/ajpa.22092

318 Almond, D., & Edlund, L. (2007). Trivers–Willard at birth and one year: evidence from US natality data 1983–2001. *Proceedings of the Royal Society B: Biological Sciences*, *274*(1624), 2491–2496. https://doi.org/10.1098/rspb.2007.0524

319 Pratto, F., Stallworth, L. M., & Sidanius, J. (1997). The gender gap: Differences in political attitudes and social dominance orientation. *British Journal of Social Psychology*, *36*(1), 49–68. https://doi.org/10.1111/J.2044-8309.1997.TB01118.X,

320 Sidanius, J., Pratto, F., & Bobo, L. (1994). Social dominance orientation and the political psychology of gender: A case of invariance? *Journal of Personality and Social Psychology*, *67*(6), 998–1011. https://

doi.org/10.1037/0022-3514.67.6.998

321 Ella Mebane, M., Aiello, A., & Francescato, D. (2021). Political Gender Gap and Social Dominance Orientation. In *Psycho-Social Aspects of Human Sexuality and Ethics*. IntechOpen.

322 Feather, N. T. (1993). Authoritarianism and attitudes toward high achievers. *Journal of Personality and Social Psychology*, *65*(1), 152–164. https://doi.org/10.1037/0022-3514.65.1.152

323 Duncan, L. E., Peterson, B. E., & Winter, D. G. (1997). Authoritarianism and Gender Roles: Toward a Psychological Analysis of Hegemonic Relationships. *Personality and Social Psychology Bulletin*, *23*(1), 41–49. https://doi.org/10.1177/0146167297231005

324 Henry, P. J. (2011). The Role of Stigma in Understanding Ethnicity Differences in Authoritarianism. *Political Psychology*, *32*(3), 419–438. https://doi.org/10.1111/j.1467-9221.2010.00816.x

325 Brandt, M. J., & Henry, P. J. (2012). Gender Inequality and Gender Differences in Authoritarianism. *Personality and Social Psychology Bulletin*, *38*(10), 1301–1315. https://doi.org/10.1177/0146167212449871

326 de Regt, S., Smits, T., & Mortelmans, D. (2012). The relevance of class in shaping authoritarian attitudes: A cross-national perspective. *Research in Social Stratification and Mobility*, *30*(3), 280–295. https://doi.org/10.1016/j.rssm.2012.03.001

327 Lundskow, G., Phillips, B., & Curtiss, P. (2019). Gender and Right-Wing Authoritarianism in a working-class case-study. *Journal of Public Governance*, *48*(2(48)/2019), 16–25.

328 Heaven, P. C. L., & Bucci, S. (2001). Right-wing authoritarianism,

social dominance orientation and personality: an analysis using the IPIP measure. *European Journal of Personality*, *15*(1), 49–56. https://doi.org/10.1002/per.389

329 Peterson, J. C., Smith, K. B., & Hibbing, J. R. (2020). Do People Really Become More Conservative as They Age? *The Journal of Politics*, *82*(2), 600–611. https://doi.org/10.1086/706889

330 Zubielevitch, E., Osborne, D., Milojev, P., & Sibley, C. G. (2023). Social Dominance Orientation and Right-Wing Authoritarianism Across the Adult Lifespan: An Examination of Aging and Cohort Effects. *Journal of Personality and Social Psychology*, *124*(3), 544–566. https://doi.org/10.1037/PSPI0000400

331 Hirsch, F. (1976). *Social Limits to Growth*.

332 Nave, G., Nadler, A., Dubois, D., Zava, D., Camerer, C., & Plassmann, H. (2018). Single-dose testosterone administration increases men's preference for status goods. *Nature Communications*, *9*(1), 1–8. https://doi.org/10.1038/s41467-018-04923-0

333 Phew, it's a girl! The stunning decline of the preference for having boys. (2025, June 6). *The Economist*.

334 Evans, G. W., & English, K. (2002). The Environment of Poverty: Multiple Stressor Exposure, Psychophysiological Stress, and Socioemotional Adjustment. *Child Development*, *73*(4), 1238–1248. https://doi.org/10.1111/1467-8624.00469

335 Raver, C. C., Jones, S. M., Li-Grining, C., Zhai, F., Bub, K., & Pressler, E. (2011). CSRP's Impact on Low-Income Preschoolers' Preacademic Skills: Self-Regulation as a Mediating Mechanism. *Child Development*, *82*(1), 362–378. https://doi.org/10.1111/j.1467-8624.2010.01561.x

336 Suess, P. E., Porges, S. W., & Plude, D. J. (1994). Cardiac vagal tone and sustained attention in school-age children. *Psychophysiology, 31*(1), 17–22. https://doi.org/10.1111/j.1469-8986.1994.tb01020.x

337 Taylor, Z. E., Eisenberg, N., & Spinrad, T. L. (2015). Respiratory sinus arrhythmia, effortful control, and parenting as predictors of children's sympathy across early childhood. *Developmental Psychology, 51*(1), 17–25. https://doi.org/10.1037/a0038189

338 Marcovitch, S., Leigh, J., Calkins, S. D., Leerks, E. M., O'Brien, M., & Blankson, A. N. (2010). Moderate vagal withdrawal in 3.5-year-old children is associated with optimal performance on executive function tasks. *Developmental Psychobiology, 52*(6), 603–608. https://doi.org/10.1002/dev.20462

339 Calkins, S. D. (2009). Regulatory Competence and Early Disruptive Behavior Problems: The Role of Physiological Regulation. In S. L. Olson & A. J. Sameroff (Eds.), *Biopsychosocial Regulatory Processes in the Development of Childhood Behavioral Problems* (pp. 86–115).

340 Beauchaine, T. (2001). Vagal tone, development, and Gray's motivational theory: Toward an integrated model of autonomic nervous system functioning in psychopathology. *Development and Psychopathology, 13*(2), 183–214. https://doi.org/10.1017/S0954579401002012

341 Sturge-Apple, M. L., Suor, J. H., Davies, P. T., Cicchetti, D., Skibo, M. A., & Rogosch, F. A. (2016). Vagal Tone and Children's Delay of Gratification: Differential Sensitivity in Resource-Poor and Resource-Rich Environments. *Psychological Science, 27*(6), 885–893. https://doi.org/10.1177/0956797616640269

342 Mullainathan, S., & Shafir, E. (2013). *Scarcity: Why Having Too Little Means So Much*.

343 Mani, A., Mullainathan, S., Shafir, E., & Zhao, J. (2013). Poverty impedes cognitive function. *Science (New York, N.Y.)*, *341*(6149), 976–980. https://doi.org/10.1126/SCIENCE.1238041

344 Epley, N., & Gilovich, T. (2006). The anchoring-and-adjustment heuristic: why the adjustments are insufficient. *Psychological Science*, *17*(4), 311–318. https://doi.org/10.1111/J.1467-9280.2006.01704.X

345 Hayek, F. A. (1944). *The Road to Serfdom*.

346 Cologna, V., Mede, N. G., Berger, S., Besley, J., Brick, C., Joubert, M., Maibach, E. W., Mihelj, S., Oreskes, N., Schäfer, M. S., van der Linden, S., Abdul Aziz, N. I., Abdulsalam, S., Shamsi, N. A., Aczel, B., Adinugroho, I., Alabrese, E., Aldoh, A., Alfano, M., … Zwaan, R. A. (2025). Trust in scientists and their role in society across 68 countries. *Nature Human Behaviour*, *9*, 713–730. https://doi.org/10.1038/s41562-024-02090-5

347 Kerr, J. R., & Wilson, M. S. (2021). Right-wing authoritarianism and social dominance orientation predict rejection of science and scientists. *Group Processes & Intergroup Relations*, *24*(4), 550–567. https://doi.org/10.1177/1368430221992126

348 Bergson, H. (1934). *The Creative Mind (La Pensée et le Mouvant)*.

349 Deleuze, G. (1968). *Difference and Repetition (Différence et Répétition)*.

350 Bergson, H. (1907). *Creative Evolution (L'Évolution créatrice)*.

351 Deleuze, G. (1966). *Bergsonism (Le Bergsonisme)*.